Les Dix Commandements de Dieu
&
Le Sermon sur la Montagne
de Jésus de Nazareth

*La Parole éternelle,
le Dieu unique et universel, l'Esprit libre,
parle à travers Gabriele,
comme à travers tous les prophètes de Dieu –
Abraham, Job, Moïse, Elie, Isaïe,
Jésus de Nazareth,
le Christ de Dieu*

Les Dix Commandements de DIEU

donnés à travers Moïse,
expliqués avec le langage
d'aujourd'hui par la prophétesse
et messagère de Dieu, Gabriele

&

Le Sermon sur la Montagne

de Jésus de Nazareth,
expliqué, rectifié et approfondi
par le Christ Lui-même,
révélé par la prophétesse
et messagère de Dieu, Gabriele

Editions Gabriele
La Parole

1ère édition en français : mars 2021

© Gabriele-Verlag Das Wort GmbH
Max-Braun-Str. 2, 97828 Marktheidenfeld, Allemagne
www.gabriele-verlag.com • www.editions-gabriele.com

Titre original en allemand :
Die Zehn Gebote Gottes & Die Bergpredigt des Jesus von Nazareth

Pour toute question se rapportant au sens,
l'édition allemande fait autorité.
Traduction de l'allemand autorisée par
© Gabriele-Verlag Das Wort

Tous droits réservés

N° de comm. : S182fr • N° ISBN : 978-3-96446-570-2

Sommaire

Les Dix Commandements de DIEU

donnés à travers Moïse,
expliqués avec le langage
d'aujourd'hui
par la prophétesse et
messagère de Dieu, Gabriele

Table des matières

Les Dix Commandements de Dieu, expliqués avec le langage d'aujourd'hui

Préface

La lettre ne devient vivante que si l'on commence à accomplir les commandements. C'est de cette manière que l'on mûrit très progressivement dans la Loi universelle de l'amour et de la Vie. Seul celui qui accomplit les commandements avec le cœur et dans l'Esprit de l'amour prendra conscience de la Loi universelle et trouvera ainsi la vérité qui est au plus profond de l'âme. (extrait du livre « Ceci est Ma Parole. Alpha et Oméga »)

A travers Moïse, Dieu donna aux hommes les Dix Commandements.

L'Esprit de Dieu est liberté. L'Esprit libre, omniprésent et éternel, appelé Dieu en Occident, est Existence omniprésente, Vie omniprésente. Il est la force de l'univers, le courant dans les puissants soleils et planètes. Il est la Vie sur toute la Terre, en chaque plante, chaque animal, chaque pierre, et également en chaque être humain et dans toutes les âmes. L'Esprit libre omniprésent, Dieu, est ainsi la force universelle dans l'infini tout entier.

Dieu, l'Eternel, a transmis à Ses enfants humains Ses commandements qui viennent de Son amour et qui sont de véritables conseils de vie, des extraits de la Loi éternelle et universelle de l'Infini. Comme dans l'Esprit de l'Existence éternelle, de la Vie éternelle, tout est contenu en tout, chacun des commandements est également contenu dans les autres.

Nous avons la tâche d'accomplir les commandements de l'Un Universel dans notre vie sur Terre, c'est-à-dire de ne pas nous contenter de les connaître ou de les lire, mais de les vivre. Les commandements de Dieu ne contiennent aucune interdiction, car l'Esprit libre est liberté, ce qui sous-entend que l'être humain est totalement libre d'accepter ces indications et de les mettre en pratique ou non.

Dieu n'intervenant pas dans l'existence de l'être humain, ce dernier est lui-même responsable de sa vie, c'est-à-dire du contenu de ses sensations, sentiments, pensées, paroles et actes.

Les commandements de Dieu sont des aspects, des extraits, de la Loi éternelle du Royaume de Dieu. Ils aident tous ceux qui y aspirent à l'accomplir et à parvenir ainsi à une morale éthique élevée qui affine l'être humain tout entier, tant au niveau de ses pensées que de ses paroles et de ses actes. Celui qui met en pratique les commandements de Dieu ennoblit également ses sens et développe des perspectives de vie plus élevées. Il prend conscience que la nature et les animaux font eux aussi partie de l'unité divine. La mise en pratique des commandements de Dieu rend libre et riche intérieurement.

Les Dix Commandements sont une proposition que Dieu, l'Esprit libre, fait à chacun de nous. Il nous invite à les mettre en pratique dans notre vie, de sorte que les valeurs éthiques, morales, que nous acquérons ainsi, nous amènent à comprendre ce que sont la justice, l'unité, l'amour pour Dieu et pour notre prochain. En accomplissant progressivement Ses commandements nous nous rapprochons de la Vie qu'est l'Esprit libre : Dieu, l'Esprit Universel en toute chose.

Au fur et à mesure de cet accomplissement progressif, nous développons non seulement une vision plus profonde des choses, mais nous faisons aussi l'expérience en nous-mêmes que l'Esprit libre, omniprésent, est également en nous.

Répétons-le, la Vie c'est Dieu, l'Esprit libre, qui est le même dans toutes les cultures du monde entier. Il est en chaque culture la diversité et la plénitude infinies de l'Existence. Chaque commandement de Dieu est une porte qui mène à la plénitude de la Vie, car Dieu, l'Esprit libre, est la Vie. Si, par notre manière correcte de penser et d'agir, nous nous immergeons au plus profond de la Vie, dans les racines de l'Existence, nous découvrons que chaque commandement comprend de multiples aspects de l'Existence et qu'en tant que source de force il est également contenu dans les autres commandements. Lorsque nous parlons de « l'Esprit libre », appelé Dieu en Occident, il ne s'agit pas du « Dieu » présenté par les prêtres et les pasteurs.

En tant qu'être humain, Jésus de Nazareth était le Fils de Dieu incarné, et en tant qu'être spirituel en Dieu, Il est le Corégent du Royaume de

Dieu, le Christ de Dieu qui, en Jésus de Nazareth, nous a apporté la rédemption et le chemin nous permettant de retourner à la maison de notre Père. Lorsqu'Il était sur Terre, Il enseigna que le Père éternel et Lui font Un, c'est-à-dire dire un Esprit, un amour, une vérité, la vérité éternelle, la Loi éternelle et infinie qui rend libre. L'Esprit du Christ de Dieu est dans le Père, et le Père est dans l'Esprit du Christ de Dieu : un Esprit, une Vie, une vérité.

Depuis plus de 45 ans, l'Esprit libre, l'Esprit du Christ de Dieu, se révèle à travers Gabriele, Sa prophétesse, Son instrument, qui est également la messagère des Cieux. Tout comme le Christ de Dieu à notre époque, Jésus de Nazareth enseignait Lui aussi que le Christ de Dieu, l'Esprit libre, n'est lié à aucune religion extérieure, car chacun est le temple de Dieu, ce qui implique qu'aucun temple, aucune église faite de main d'homme, n'est nécessaire pour trouver Dieu et L'adorer, Lui, l'intelligence universelle et éternelle, l'Esprit éternel.

Aujourd'hui, le Christ de Dieu s'exprime dans la Nouvelle Ere.

Dieu, l'Eternel, est immuable. Il est et reste le même, hier, aujourd'hui et demain. Il en va de même des Dix Commandements qu'Il nous a transmis à travers Moïse. Le Christ de Dieu qui se révèle à notre époque s'exprima à ce sujet dans le cœur de Gabriele, Sa prophétesse et messagère, qui transmit alors avec ses propres mots ce qui est tout particulièrement important pour la Nouvelle Ere, car les idoles en tout genre se sont multipliées.

Si nous croyons aux Dix Commandements de Dieu et également en Jésus, le Christ, à Son enseignement, tout spécialement à l'enseignement céleste du Sermon sur la Montagne, si nous nous nommons chrétiens ou chrétiens des origines, ou si nous disons suivre Jésus de Nazareth, nous nous engageons par là même à accomplir ce que nous affirmons être.

Il est important de préciser ici qu'accomplir ce que l'Eternel nous a donné dans les Dix Commandements et ce que Jésus de Nazareth nous a transmis à travers Son enseignement du Sermon sur la Montagne n'a strictement rien à voir avec les dogmes et les décrets des institutions ecclésiastiques.

Je suis le Seigneur, ton Dieu,
tu n'auras pas d'autres dieux
à côté de Moi.

Le Dieu d'Abraham, d'Isaac et de Jacob, le Dieu qui s'est exprimé à travers Moïse et tous Ses grands prophètes est l'Esprit libre, la Loi éternelle, l'amour et l'amour pour le prochain.

Dieu, l'Esprit libre, est la force créatrice en toute chose. Où que nous allions, où que se porte notre regard, en tout se trouve l'Esprit qui agit de toute éternité. L'Esprit de la vérité, l'Esprit libre, se trouve en chaque être humain, donc en nous, dans notre âme. Il nous touche à travers chaque cellule de notre corps et à travers notre respiration. Tout ce qui nous entoure, tout ce qui est visible à nos yeux et tout ce qui ne l'est pas, porte en soi l'Esprit, Dieu qui est la Vie.

Au plus profond de son âme, l'être humain est divin, mais il n'est pas Dieu. L'être divin existe éternellement, car il a été contemplé et créé par Dieu, son Père céleste. L'être divin pur est également appelé être spirituel.

La Parole de Dieu, le commandement donné à travers Moïse, nous enseigne : « *Tu n'auras pas d'autres dieux à côté de Moi.* » De quoi s'agit-il ? Que sont ces autres dieux, ces idoles, auxquels l'humanité est soumise et qu'elle adore ? Et combien en a-t-elle créés à notre époque ? Aujourd'hui, ce sont l'argent, la course effrénée aux techniques de pointe, la recherche effrénée du plaisir, la dépendance au jeu, la soif du pouvoir, les désirs extrêmes, les convoitises et les passions, et bien d'autres choses encore. A chaque dépendance correspond une idole adorée simultanément par de nombreuses personnes dans le monde. Les êtres humains idolâtrent ou vénèrent d'autres êtres humains dont ils croient, ou qui leur font croire, qu'ils sont appelés par Dieu pour les guider et les instruire avec contrainte afin de les lier à eux. Beaucoup de gens paient un tribut à ces dieux et ces idoles, tout comme à de dits dignitaires qui se laissent vénérer par le peuple.

Le Royaume de Dieu a sept dimensions, tout comme la Loi éternelle et universelle, Dieu.

A travers Moïse, Dieu a donné pour notre monde tridimensionnel les extraits de la Loi éternelle à sept dimensions, les Dix Commandements. Vivre les commandements de Dieu pourrait nous aider à comprendre la Vie universelle issue de Dieu. Seul leur accomplissement progressif permet de parvenir à une morale éthique élevée. Ce n'est qu'ainsi qu'il est possible d'élargir sa conscience, de voir plus en profondeur et plus loin.

Etant donné que les Cieux, le Royaume de Dieu, ont sept dimensions, nous ne devrions pas nous en faire une représentation, pas non plus de ce qui est sur et dans la Terre, ainsi que dans les airs. Prenons au sérieux les paroles de Jésus de Nazareth qui enseignait que l'Esprit de Dieu se trouve en nous-mêmes et que nous sommes le temple de l'Esprit Saint. Les représentations, les effigies que nous vénérons, par exemple des statues ou reproductions de saints, se gravent en tant qu'images tridimensionnelles dans notre âme. Au moment où le corps, l'enveloppe de l'âme, expire, l'âme se rend dans les domaines de l'au-delà. Ces images tridimensionnelles, qui ne correspondent pas à la Vie à sept dimensions, restent cependant imprégnées en elle. A un moment donné, l'âme devra reconnaître que ces représentations tridimensionnelles qu'elle a vénérées sur Terre ne correspondent pas à la vie éternelle à sept dimensions.

En tant qu'êtres humains, nous ne pouvons pas nous imaginer ce qu'est réellement le Royaume de Dieu, ce que sont les mondes spirituels purs. Tout comme nous ne pouvons nous représenter les êtres spirituels que nous nommons les anges, ni Dieu notre Père éternel, appelé aussi le Dieu Père-Mère, que nous prions dans le « Notre Père », ni encore le Christ, le Corégent du Royaume de Dieu. Les représentations imagées ou les statues correspondent uniquement à nos conceptions humaines. Pour toutes ces raisons, nous devrions nous abstenir de vénérer de telles images ou statues.

Nous ne devrions pas non plus vénérer le corps de Jésus cloué à la croix. Son Esprit est ressuscité et en tant que Fils de Dieu, Corégent du Royaume divin, Il est assis à la droite du Père éternel. Le Fils de Dieu, le Corégent du Royaume de Dieu, est le Rédempteur de toutes les âmes et de tous les êtres humains. Il est le Chemin, la Vérité et la Vie, et c'est Lui, le Christ, qui nous conduit au Père éternel, dans le Royaume éternel à sept dimensions. La croix sans le corps, comme symbole de Son acte de rédemption, montre elle le chemin menant au Royaume de Dieu, le Royaume de la paix, de l'unité et de la liberté.

Comme nous l'avons vu, l'Esprit libre éternel est Vie omniprésente, et ainsi présent en chaque animal, en chaque plante, dans la nature, en chaque minéral et chaque pierre. En chaque goutte d'eau se trouve la Vie. En résumé, c'est cela l'unité, et l'unité en Dieu est vie éternelle. Nous-mêmes, les êtres humains, nous ne sommes qu'une enveloppe contenant la vie éternelle. Au plus profond de notre âme, nous faisons partie du Royaume de Dieu. Tout comme notre corps physique n'est qu'une enveloppe de la vie véritable, toutes les formes de vie de la nature sur Terre, chaque animal, chaque plante, chaque arbre, chaque buisson, chaque pierre, ne sont qu'une enveloppe de la Vie. La Vie, la force créatrice, est active en toute chose et en chacun ; c'est l'Esprit libre, la Loi éternelle de l'amour pour Dieu et pour le prochain.

La vie éternelle et universelle agit en tout, aussi bien dans ce qui est visible que dans l'invisible. La matière, inscrite dans les trois dimensions, n'est que l'enveloppe, un pâle reflet de la création divine, dans lequel palpite la Vie à sept dimensions.

Tu n'abuseras pas du nom
de Dieu.

De quelle manière abusons-nous du nom de Dieu ? Par exemple lorsque nous maudissons en Son nom, que nous utilisons Son nom pour jurer ou encore à la légère, en disant par exemple « Oh, mon Dieu ! », sans réaliser que nous utilisons Son nom sans réellement penser à Lui. Nous prononçons le mot « Dieu » dans de très nombreuses occasions, sans être conscients que nous parlons en réalité de l'Intelligence absolue.

Nous utilisons souvent les expressions « Oh, mon Dieu ! » ou « Dieu merci ! », mais que pensons-nous vraiment en les employant ? La plupart du temps, ce sont des paroles creuses, des expressions toutes faites. Pourtant, comme nous le savons aujourd'hui, tout est énergie. Cela signifie que c'est nous, et non Dieu, qui sommes responsables de chaque mot qui sort de notre bouche. Toute personne qui prononce sans réfléchir le nom de Dieu abuse de Son nom et gaspille par là de l'énergie ; elle se nuit ainsi à elle-même. Conformément à la loi action-réaction, nous sommes nous-mêmes responsables de nos pensées, paroles et actes, et non le Tout-Puissant.

Le Christ nous a commandé d'interroger nos pensées et nos paroles : Qu'est-ce que je pense et dis ? Mon comportement est-il en accord avec ce que j'exprime, par exemple « Oh, mon Dieu ! », « Dieu merci ! » ou « Grâce à Dieu » ? Tout est énergie. Ainsi, une question se pose à nous : Dieu nous punit-Il lorsque nous agissons contre notre propre énergie qui inclut également notre vie sur Terre ? Non ! Si nous amoindrissons notre force vitale, notre énergie, nous nous punissons nous-mêmes.

Lorsque nous employons ces expressions : « Dieu merci, j'ai réussi à faire ceci ou cela ! » ou encore « Dieu merci, il ne m'est rien arrivé ! », sommes-nous vraiment reconnaissants envers Dieu ou ne s'agit-il que de mots vides de sens prononcés à la légère, d'expressions toutes faites ? Il est malheureusement rare que nous prenions au sérieux de telles situations et que nous les mettions à profit en réfléchissant sur nous-mêmes, sur notre comportement, notre vie et en fin de compte sur ce que nous semons consciemment ou inconsciemment dans le champ de notre âme par nos pensées et nos paroles.

Nous devrions nous rappeler régulièrement que nos graines finiront un jour par germer. Que se passera-t-il alors ? Celui qui croit à la loi action-réaction, appelée aussi loi des semailles et des récoltes ou loi de cause à effet, comprendra que l'Eternel, appelé Dieu en Occident, ne punit pas. Par conséquent, Il ne nous force à rien non plus. Ses commandements ne sont pas des ordres, mais une proposition qui peut nous donner une ligne de conduite. L'être humain est libre de penser, parler et agir comme bon lui semble. Et c'est la raison pour laquelle nous portons la responsabilité de nos œuvres, de tout ce que nous ressentons, pensons, disons et faisons jour après jour.

Nous devrions faire une différence entre les mots « tu dois » et « nous devons ».

« Tu dois » est personnel, adressé à une personne en particulier et va ainsi à l'encontre de la liberté que Dieu nous a donnée.

Par contre, les mots « nous devons » sont eux impersonnels, car exprimés de manière générale ils ne visent pas une personne précise. Si par contre ils expriment un ordre, cette injonction devient alors elle aussi personnelle et enfreint la liberté. De là découle un comportement qui lie le prochain et que l'on pourrait résumer par cette formule : Divise, lie et domine !

Dieu, l'Eternel, ne fait que proposer les commandements issus de Sa loi céleste et transmis par Moïse. Conjointement avec l'enseignement de Jésus de Nazareth, en particulier Son Sermon sur la Montagne, ils constituent le chemin qui mène au Royaume de Dieu.

Le Christ est le Corégent du Royaume de Dieu. Certains partis politiques abusent eux aussi de Son nom. Les noms du Dieu tout-puissant et de Son Fils n'ont cependant rien à voir avec la politique. On peut se demander alors s'ils ne sont pas tout simplement utilisés comme figure de proue dans le but de tromper les gens ? Celui qui veut mettre à l'épreuve les discours de nombreuses personnes, également au sein des partis politiques qui se disent chrétiens, et en fin de compte aussi son propre comportement, peut parvenir au discernement en suivant le conseil que Jésus nous a donné dans Son Sermon sur la Montagne, où Il enseigne entre autres : « *Vous les reconnaîtrez à leurs fruits.* »

Celui qui respecte les Dix Commandements de Dieu et les enseignements de Jésus de Nazareth reconnaîtra et comprendra comment on abuse du nom du Très-Haut et de celui de Jésus, le Christ, dans les partis politiques, les communautés religieuses et les églises qui se disent chrétiens. Chacun doit répondre devant la Loi de l'Infini, devant Dieu et devant lui-même de tout ce qu'il prétend être ou à quoi il adhère. Cela s'applique également à celui qui garde le silence, alors qu'il sait qu'un tort a été commis au sein d'une organisation à laquelle, de plus, il se sent appartenir.

Les églises institutionnelles parlent d'un Dieu qui punit. Selon la Loi du libre arbitre, c'est pourtant nous-mêmes qui nous punissons dès lors que nous avons connaissance des commandements de Dieu et les rejetons. La Loi de l'Infini est l'amour pour Dieu et pour le prochain. Elle comprend également la liberté. Celui qui obéit aux dogmes ecclésiastiques qui disent « tu dois » ou qui croit en la punition de la damnation éternelle n'a pas encore réfléchi au non-respect des Lois de Dieu et des enseignements de Jésus de Nazareth.

L'Eternel, l'Esprit libre, nous incite toujours à apprendre à comprendre le sens des mots ; cela s'applique également aux commandements de Dieu. Les mots du langage humain ne sont que des enveloppes, tout comme l'être humain n'est qu'une enveloppe qui entoure la vie véritable, l'enveloppe de son âme. Les mots sont donc des enveloppes, on pourrait dire aussi des coquilles ; c'est ce qu'ils contiennent qui est important.

Ce n'est que lorsque nous sommes prêts à trouver la vérité dans les commandements de Dieu et dans les paroles du Christ de Dieu, en les mettant en pratique dans notre vie quotidienne, que nous faisons l'expérience de l'Esprit libre qui n'exerce aucune contrainte et ne punit pas.

Nous avons souvent entendu parler de la loi des semailles et des récoltes, la loi de cause à effet, aussi appelée la loi action-réaction.

Un vieil adage allemand souvent utilisé lui aussi, sans que sa signification n'ait vraiment été approfondie, nous dit ceci : « *Celui qui ne veut pas entendre devra subir.* » Celui qui ne veut pas écouter les indications données par l'Eternel suit donc ses propres chemins. Il ne peut rendre personne responsable – et encore moins l'Esprit libre, appelé Dieu en Occident – des obstacles qu'il sème lui-même sur son chemin, c'est-à-dire des aspects négatifs contenus dans ses propres sensations, pensées et paroles. Lorsque quelqu'un trébuche à un moment donné sur les obstacles qu'il a lui-même semés sur son chemin, la plupart du temps il accuse Dieu d'en être responsable. Ce dicton, « *Celui qui ne veut pas entendre devra subir* », n'est pas davantage pris en considération que la loi qui dit : « *On récolte ce que l'on sème.* »

Celui qui est amené à subir ce qu'il a lui-même enregistré, les obstacles qu'il a lui-même semés sur son chemin, devrait prendre conscience que cela vient du fait qu'il s'est détourné des commandements et des enseignements de Jésus de Nazareth, des innombrables aides données par l'Esprit libre, Dieu. Les soucis et difficultés, la souffrance et bien d'autres choses de cette nature ne correspondent pas à la volonté de l'Eternel, mais sont la conséquence d'une pensée et d'un comportement irrationnels de l'être humain. Lorsque les liens qui le ligotent se font ressentir, en général il ne se frappe pas la poitrine mais accuse Dieu : « Pourquoi Dieu laisse-t-Il faire cela ? » Il ferait mieux alors de se demander : « Mais enfin, pourquoi te comportes-tu de telle sorte que cela t'arrive ? »

Nous devrions prendre conscience que nous portons l'entière responsabilité du contenu de nos sentiments, pensées, paroles et actes. Certains pourraient rétorquer : « Mais cela n'a absolument rien à voir avec la liberté. Dieu devrait nous aider et nous soutenir, Il devrait nous protéger ! » L'Eternel est bien sûr à nos côtés, Il nous soutient, nous aide et nous protège. Mais si nous ne le voulons pas, si nous rejetons la main qu'Il nous tend en tournant le dos à Ses commandements et aux enseignements de Jésus de Nazareth, les conséquences qui en découlent seront semblables à celles décrites dans l'exemple suivant : Un père dit à sa fille ou à son fils : « Fais attention, ne fais pas ça, car cela portera à conséquence. » La fille ou le fils pense peut-être : « Les temps ont changé, ce que dit mon père n'est pas si important, moi je fais ce que je veux. » Et malgré les mises en garde du père, ses enfants penseront peut-être : « De quoi parle-t-il ? De quelles conséquences est-il question ? » Et peut-être même qu'ils se buteront ou se fâcheront et rétorqueront : « Nous sommes prêts à porter ces conséquences ! » Comment le père réagira-t-il alors ? « Je ne peux pas vous obliger à accepter mes conseils. Vous êtes libres d'agir comme vous le souhaitez, mais chacun devra lui-même en supporter les effets. »

Il en est de même avec Dieu, notre Père céleste. Lorsque quelqu'un, bien qu'il connaisse Ses commandements reçus à travers Moïse et les enseignements de Jésus de Nazareth, les rejette et pense : « A quoi ça rime ? Ces conseils ne m'intéressent pas, les temps ont changé ; je fais ce que je veux », Dieu ne l'obligera à rien et ne le punira pas non plus. Chacun est libre, car Dieu, l'Eternel, a donné la liberté en héritage à tous les êtres et à tous les hommes. L'Esprit éternel, Dieu, et Son fils Jésus, le Christ, réconcilient, pardonnent et sont toujours prêts à nous soutenir dès lors que nous le voulons, que nous nous tournons vers l'Esprit libre, omniprésent, et respectons ce qu'Il nous a commandé, c'est-à-dire les extraits de la Loi éternelle de l'amour pour Dieu et pour le prochain que sont les Dix Commandements ainsi que l'enseignement céleste de Jésus de Nazareth, en particulier Son Sermon sur la Montagne.

Demandons-nous de quoi Dieu, l'Eternel, est-Il censé nous protéger ? Devrait-Il éventuellement nous protéger de ce que nous avons nous-mêmes causé par notre attitude entêtée, c'est-à-dire arrogante ? Posons-nous cette question : Si Dieu agissait de la sorte, deviendrions-nous du jour au lendemain des personnes différentes, plus attentives à leurs pensées et à leur comportement, ne répétant plus à l'avenir les comportements négatifs qui ont conduit aux conflits que nous rencontrons ? Ou bien continuerions-nous à nous conduire à notre guise ?

Tu respecteras
le jour du sabbat.

A l'heure actuelle, les personnes engagées dans la vie active doivent s'adapter à la réalité des entreprises dans lesquelles elles travaillent, de sorte qu'on ne peut pas dire de manière générale que le septième jour doit être le jour de repos. Cela n'est pas possible dans tous les cas, par exemple pour tous ceux qui ont un travail en roulement, comme les trois-huit, ou qui sont dans le secteur de la gastronomie.

La Loi éternelle, la Loi de l'amour pour Dieu et pour le prochain, qui comprend la liberté, n'exclut personne. Quel que soit le jour de la semaine où nous ne travaillons pas, nous devrions prendre quelques minutes pour réfléchir aux jours précédents. Qu'est-ce qui était bien ? Qu'est-ce qui était moins bien, voire carrément pas bien du tout ? Tout, y compris nos lectures et nos conversations, contient un message que nous pouvons percevoir, tout particulièrement lorsque notre monde de sentiments s'est mis en mouvement, de manière positive ou négative. Lorsque nous ressentons une sorte de malaise intérieur, se demander tout simplement « pourquoi ? » est une aide.

Cette simple question, « pourquoi ? », peut en effet faire ressortir beaucoup de choses que nous avons peut-être oubliées, voire refoulées, au cours des heures ou des jours précédents. Nous pouvons également nous intérioriser et prendre conscience qu'une puissante force positive, appelée Dieu en Occident, agit en nous et aimerait nous aider.

Si des pensées vous incitaient à vous rendre dans une chapelle ou une église pour y prier, lisez ce que Jésus de Nazareth nous a enseigné. D'une part, Il nous a dit que chaque être humain est lui-même le temple de Dieu et que Dieu vit dans son âme. D'autre part, au sujet de la prière, Il a enseigné : « *Mais toi, quand tu pries, entre dans ta pièce la plus retirée, ferme la porte et prie ton Père qui est dans le secret ; et ton Père, qui voit dans le secret, te le rendra. »*

Chacun de nous est libre de prier, de penser et d'agir comme il l'entend. Cependant nous ne devrions pas oublier que nous sommes nous-mêmes responsables de tout notre comportement, de tout ce que nous faisons ou non.

Tu honoreras (respecteras) ton père et ta mère.

A l'heure actuelle, les gens s'attribuent bien souvent les honneurs à eux-mêmes. Et des êtres humains rendent honneur à d'autres être humains, par exemple lors de découvertes importantes ou encore lorsque certains sont introduits dans les hautes sphères de la société par des personnalités bien placées au sein des gouvernements. Aujourd'hui, on admire et honore, entre autres, des sportifs de compétition, des acteurs et autres artistes, de même que ceux qui étalent le luxe et la richesse dans lesquels ils vivent. Il est dit que les enfants devraient honorer leur père et leur mère. Devrions-nous donc honorer aussi des êtres humains ?

Devant Dieu, nous sommes tous égaux. Comme Jésus de Nazareth nous l'a enseigné, nous sommes des frères et sœurs, les enfants d'un seul Père qui est aux Cieux. A ceux qui instruisaient le peuple au nom de l'Eternel, Il a dit :

« Mais vous, ne vous faites pas appeler "rabbi", car vous êtes tous égaux et vous n'avez qu'un seul Maître. N'appelez personne sur la Terre votre "père", car vous n'avez qu'un seul Père, celui qui est au Ciel... Le plus grand parmi vous doit être votre serviteur. Celui qui s'élève lui-même sera abaissé, mais celui qui s'abaisse lui-même sera élevé. »

Quels que soient les titres honorifiques qu'une personne possède ou les honneurs dont elle s'entoure, aux yeux de Dieu elle se trouve sur un pied d'égalité avec ceux qui n'ont ni titre ni position ; cela est valable également pour ceux qui nous ont mis au monde et dont nous sommes les enfants. La Parole de Dieu est la Loi éternelle, la vie véritable. Elle dit entre autres : *« Portez les fardeaux les uns des autres »*, c'est-à-dire aidez-vous mutuellement.

Dans la Loi universelle et éternelle de l'égalité, de la liberté et de l'unité, il n'est pas prévu de s'attribuer des honneurs à soi-même ou de se laisser honorer par les autres. L'amour pour Dieu et pour le prochain inclut le respect de l'autre, c'est-à-dire que nous devrions nous respecter les uns les autres et honorer Dieu, l'Esprit omniprésent qui est la Vie en chacun et en toutes choses, entre autres en respectant Sa création dont font partie les hommes, les animaux, la nature et la Terre-Mère. Seul celui qui respecte la Vie honore Dieu. Celui qui détruit la Vie bafoue Dieu.

u ne tueras pas.

Le Cinquième Commandement couvre un large champ d'application, mais les institutions ecclésiastiques ont bien souvent remplacé le verbe « tuer » par « commettre de meurtre ». Selon la version actuelle de ce commandement, il est par exemple permis de tuer à la guerre ; en revanche, tuer volontairement c'est commettre un meurtre. Examinons le mot « guerre » à la lumière de ce que Jésus de Nazareth a enseigné. Il a dit par exemple à ce sujet : « Celui qui prend l'épée périra par l'épée. »

Jésus de Nazareth était entièrement pacifiste et enseignait le pacifisme. Il était un homme de paix et Il est le prince céleste de la paix. Celui qui a permuté le mot « tuer » par « commettre un meurtre », et en a ainsi atténué le sens, approuve par là même la guerre et est contre l'enseignement de Jésus. Aux yeux de Dieu, du Père céleste que Jésus nous a appris à connaître, nous sommes tous des frères et sœurs qui ont reçu de Dieu, leur Père éternel, la Vie, la vie éternelle. Nous respirons parce que la Vie, qui est la force toute-puissante en nous, s'écoule dans notre respiration. Qui est en droit, ou s'attribue le droit, d'ôter le souffle de vie à son frère, à sa sœur ?

Jésus de Nazareth enseigna que nous ne sommes pas en droit de tuer un être humain, ni de tuer volontairement un animal ou une plante en pleine sève. Il nous est commandé de prendre soin de la Terre et de toutes les formes de vie qu'elle porte en son sein, de les aimer et de les respecter, car en tout se trouve la Vie. C'est l'Esprit libre qui agit en tout, qui Lui seul est la Vie en chacun et en toute chose.

L'humanité d'aujourd'hui est tout particulièrement éloignée de la vérité éternelle appelée Dieu en Occident. Malheureusement, bien peu réfléchissent au fait qu'Il est l'Esprit puissant de l'Infini, le Créateur dont la force vitale agit en tout.

Qu'il s'agisse des différents univers, des planètes et des soleils puissants ou encore du plus petit animal vivant sur la Terre, tous portent en eux la Vie de l'Esprit éternel, du Créateur de toute existence. Qui donc alors peut s'arroger le droit d'intervenir dans la Vie qui est éternelle ? Qui a donné la Vie ? A qui appartient-t-elle ? L'être humain, l'animal, la nature entière, tous ont le droit de vivre, et cela jusqu'à ce que leur existence terrestre prenne fin. Chaque être humain, l'ensemble des règnes de la nature, tous ont le droit d'exister en tant que matière grossière, jusqu'à ce que le moment soit venu pour eux où, en tant que forme de vie spirituelle, ils retournent dans le sein de la vie éternelle.

La plupart du temps, l'homme d'aujourd'hui ne tient pas compte de la loi des semailles et des récoltes qui dit que l'homme récoltera ce qu'il sème. Si nous portons un regard plus profond sur notre monde où règnent l'arrogance et l'exploitation de l'homme et de la nature, nous constatons que les mauvaises graines ne sont en fait pas en train de mûrir, mais qu'elles ont déjà bien levé, c'est-à-dire que leurs effets se font déjà sentir. Mais qui s'en préoccupe ? Certains sans doute, d'autres beaucoup moins. Ces derniers pensent : « Je suis moi-même le prochain. Je ne suis pas concerné. » Cependant, nous sommes tous concernés, car nous sommes tous porteurs de la Vie ainsi que de notre libre arbitre qui a donné naissance à la loi de la chute qui dit : Ce que l'homme sème, il le récoltera.

Personne n'a le droit de tuer sciemment, que ce soit à la guerre, à la chasse ou dans le cadre de l'exploitation des terres et des forêts. Celui qui tue intentionnellement est contre la Loi de la Vie et ainsi contre le Dieu créateur. Pour finir, chacun est soumis à la loi « Ce que tu sèmes, tu le récolteras un jour ou l'autre », car l'âme de l'être humain vit éternellement. Quand l'âme se rend dans les royaumes de l'au-delà, elle doit subir les conséquences de ce qu'elle a semé lors de ses incarnations.

Tu ne commettras pas l'adultère.

L'adultère est une forme de trahison, une rupture de confiance. Le mariage est conclu la plupart du temps sur la base d'une confiance réciproque. Si la femme ou le mari brise cette confiance en ayant des relations physiques avec une autre personne, il ou elle rompt cette confiance réciproque.

Aujourd'hui, la fidélité dans le couple est à l'image de l'époque actuelle où tout change très rapidement. On part de l'idée qu'il faut profiter de la vie. Un jour on se promet fidélité et le lendemain tout est différent.

Il en va de même au sein de nombreuses entreprises. On signe un contrat qui comprend le respect de la confiance. Mais dès que le profit personnel ou des manigances et des manipulations au sein de l'entreprise entrent en jeu, alors bien souvent ce contrat de travail ne représente plus qu'un papier sans valeur.

Dans tous les domaines, on pourrait dire que notre monde actuel pratique le culte du sacrifice. Il n'est pas rare qu'on sacrifie son couple pour une relation passagère. Qu'une femme ou des enfants soient en jeu ou pas, n'a pas d'importance. Ils sont le tribut réclamé par cette époque marquée par l'éphémère. Adultère, rupture de confiance, trahison, tout cela ne joue plus un bien grand rôle ; on sacrifie son prochain, on sacrifie la signature que l'on a apposée au bas d'un contrat. Les formes que prend ce culte du sacrifice sont multiples. La vie dans le monde d'aujourd'hui peut être comparée à une partie de dés. Un jour, c'est le numéro un qui a notre confiance, le lendemain, l'élu de notre cœur ou l'objet de nos désirs sera peut-être le numéro trois, cinq ou six.

Certains se disent que « les commandements de Dieu ne sont plus d'actualité, qu'ils ont été donnés il y a des milliers d'années, qu'ils s'appliquent aux hommes des cavernes ! » Sincèrement, n'est-ce pas là ce que pensent de nombreux adeptes de ces temps agités, qui sont d'avis qu'aujourd'hui il faut « vivre à fond », même si cela porte préjudice aux autres, aussi au prix de la souffrance de ceux qui sont abandonnés et qui en subiront les conséquences ?

Cependant, même si aujourd'hui nous considérons de nombreux comportements aberrants comme ordinaires et que pour cette raison nous n'en éprouvons même pas de la honte, Dieu, l'Eternel, est immuable, Il est et reste le même hier, aujourd'hui et demain. Sa Loi cosmique et éternelle est absolue, éternellement présente. Lorsque le Sixième Commandement dit : « *Tu ne commettras pas l'adultère* », cela signifie entre autres : « Tu tiendras ta promesse » en ce qui concerne la fidélité et la confiance sincères, tant au sein du couple que dans le domaine professionnel. Tout comme l'homme d'hier, « l'homme des cavernes », l'homme d'aujourd'hui, à l'ère de la technologie qu'il qualifie d'époque éclairée, a pour tâche de mesurer ses pensées et paroles, tout son comportement, aux Dix Commandements.

Le mariage, le couple, et toute autre forme de promesse contractuelle, devraient aujourd'hui aussi reposer sur la sincérité, l'ouverture, la fidélité, la droiture et la confiance. Celui qui prend au sérieux les commandements de Dieu et les enseignements de Jésus de Nazareth, du Christ de Dieu, donnés il y a plus de 2000 ans, et les applique progressivement dans sa vie, voit plus clair en toute chose et plus en profondeur. Par exemple, il est capable d'évaluer à qui il a affaire et à qui il peut accorder sa confiance. Le Sixième Commandement nous dit donc : « *Tu ne commettras pas l'adultère.* »

Une rupture est une rupture. Même si on « recolle les pots cassés », ce n'est plus la même chose. Il est donc important de s'interroger avant de causer du tort, de briser quelque chose. En d'autres termes, nous devrions réfléchir avant de casser quelque chose. Recoller les morceaux prend en effet souvent bien du temps, et les morceaux, même recollés, ne forment plus l'original. De nombreuses ruptures trouvent alors leur juste répercussion dans la loi des semailles et des récoltes qui dit : « *Ce que tu sèmes, tu le récolteras.* »

Tu ne voleras pas.

On peut considérer que le verbe « voler » sous-entend différents types de vols, le premier étant celui d'objets ou de biens matériels. Cependant, il y en a d'autres. Nous disons sans trop réfléchir : « Moi, je ne suis pas un voleur ! » Mais pouvons-nous l'affirmer aussi facilement alors que nous savons que tout est énergie et que le temps lui aussi est énergie ?

Qui peut être considéré comme un voleur ? Nous pouvons qualifier de voleur celui qui vole de l'argent ou des biens. Mais nous pourrions également qualifier de voleur celui qui prend le temps de son prochain par de longues et vaines discussions ponctuées de « oui, mais » qui n'aboutissent à rien, ou encore celui qui se perd dans des conversations superficielles et sans fin. Mais c'est aussi celui qui exige de son prochain ce qu'il pourrait très bien faire lui-même. Ou bien encore celui qui se dispute avec son prochain, chacun voulant avoir raison sans être prêt à reconnaître dans les propos de l'autre ne serait-ce qu'une once de vérité.

Le gaspillage de temps, c'est-à-dire d'énergie, se retrouve dans de très nombreuses situations et sous des formes très variées que nous ne pouvons pas toutes énumérer ici. Toutes ces situations, quelles qu'elles soient, sont une manière de dérober à plus ou moins grande échelle l'énergie de son prochain. Chacun de nous est sûrement en mesure de citer de nombreux exemples parmi tous ces types de vol.

Cependant, nous ne cherchons pas ici à accumuler des connaissances sur les différentes formes de vol. Ce qui est important, c'est que chacun de nous se demande personnellement : En quelles situations j'agis moi-même contre le commandement « *Tu ne voleras pas* » ?

u ne feras pas
de faux témoignage
contre ton prochain.

Faire un faux témoignage signifie dire des mensonges sur quelqu'un. Devant la justice, cela signifie mentir sur soi-même ou à propos de son prochain. Le fait d'encenser quelqu'un, de le flatter, de le conforter dans son comportement, mais aussi d'user de paroles qui diffèrent de nos pensées, relève également de la fausseté et est contraire au Huitième Commandement.

Affirmer que notre opinion est la vérité entre également dans cette catégorie. Avoir une opinion sur quelque chose montre par définition que nous ne sommes pas sûrs de ce que nous avançons. Notre avis, que nous considérons comme la vérité, n'est la plupart du temps qu'un schéma de pensée qui nous est propre et nous paraît logique. Nous déclarons que c'est notre opinion, mais puisque par définition une opinion témoigne d'un manque de connaissances réelles, elle peut par conséquent être inexacte et donc être considérée, elle aussi, comme faux témoignage.

Colporter de fausses rumeurs à des fins déterminées relève également du faux témoignage. Les rumeurs permettent d'accuser les autres. Cela aussi va à l'encontre du Huitième Commandement.

Nous ne devrions donc pas faire de faux témoignages contre notre prochain, mais bien plutôt nous interroger plus souvent sur nous-mêmes et nous demander si nous sommes maîtres de nos pensées et de nos paroles, car tout ce que nous émettons est énergie et revient vers nous un jour ou l'autre, que nous ayons dit la vérité ou menti. Celui qui aspire à des valeurs éthiques devrait donc se poser cette question avant de parler : « Ce que j'ai l'intention de dire correspond-il à la vérité ou bien est-ce un faux témoignage contre mon prochain ? »

Si nous prenons la peine de réfléchir au Huitième Commandement, à ce qu'est un faux témoignage et au fait que tout est énergie, y compris nos pensées, nous prendrons alors conscience que chacun d'entre nous se porte garant de toute l'énergie ainsi émise, tant par nos pensées que nos paroles ou nos actes. Afin de pouvoir garantir que nous disons la vérité, nous devrions auparavant soupeser ce que nous voulons affirmer.

Nous devrions prendre toujours plus conscience que tout est énergie, et que quelle que soit l'énergie que nous émettons, positive ou négative, elle reviendra vers nous. Faire un faux témoignage en toute connaissance de cause revient à mentir.

Le Neuvième Commandement de Dieu

Tu ne convoiteras pas
la femme de ton prochain !

Le verbe « convoiter » contient le désir, la volonté de posséder, le désir de prendre ce que nous convoitons pour le considérer comme notre propriété. La clé nous permettant de comprendre ce que représente la volonté de posséder et de s'approprier des êtres et des choses pourrait être le mot « convoiter ». Si quelqu'un satisfait sa convoitise, en l'occurrence, pour ce qui concerne le Neuvième Commandement, posséder la femme de son prochain, cette dernière devient alors la propriété de celui qui l'a conquise par convoitise. Au sens figuré, on peut dire alors qu'elle est devenue l'esclave de celui qui l'a convoitée volontairement et consciemment.

C'est la même chose lorsque l'objet de la convoitise est un homme, voire même un en-

fant que l'on convoite et dont on abuse sexuelle-
ment. Lorsqu'un homme convoite une femme ou
vice-versa ou bien lorsque l'objet de la convoitise
est un enfant, une question se pose automatiquement : Dans quel but ? La convoitise est la plupart du temps d'ordre sexuel et entraîne avec elle
de nombreuses dépendances, une forme d'escla-
vage des temps modernes. Dès que « l'esclave »,
la femme, l'homme ou l'enfant abusé, « a servi »
et ne présente plus d'intérêt, il est abandonné.
Celui-ci se retrouve alors bien souvent en proie
à l'amertume. Il ressent comme un vide et le sentiment d'avoir été utilisé puis jeté. L'enfant à qui
on a volé son innocence en ressort généralement
intérieurement vidé, détruit physiquement et
psychologiquement. Les conséquences de telles
souffrances entraînent très souvent un sentiment
de haine, voire de vengeance.

Pour celui qui agit ainsi envers un enfant, il aurait mieux valu qu'il ne soit pas né. Les paroles de
Jésus à ce propos sont très claires : « ...*il vaudrait
mieux pour celui qui entraîne la chute d'un seul de
ces petits qui croient en moi, qu'il sombre dans les
profondeurs de la mer avec une grosse pierre autour du cou.* »

Le mot « convoitise » comprend également d'autres aspects, comme par exemple le fait de débaucher insidieusement du personnel qualifié d'une entreprise pour mettre à profit ses connaissances ou s'en servir à des fins d'espionnage, deux aspects qui sont liés à l'argent et au prestige. Par extension, cette pratique également pourrait être qualifiée de commerce d'esclaves. Il s'agit là d'un exemple parmi tant d'autres. La convoitise a en effet de très nombreuses facettes.

Une chose est sûre, celui qui se laisse acheter et tombe ainsi dans le piège de la convoitise de son prochain devient un esclave des temps modernes qui s'est livré à son acheteur. Il perd ainsi sa liberté, jusqu'à ce qu'il se ravise et se demande comment faire pour la retrouver. La première étape pourrait s'énoncer ainsi :

Reste fidèle à toi-même !

La seconde : Fais attention aux pièges qui te sont tendus. La troisième : Ne te laisse pas débaucher ; fais en sorte de pouvoir présenter des qualités professionnelles par une bonne formation, en choisissant une spécialité qui te plaise et avec laquelle tu pourras gagner ton salaire, car tout travailleur compétent a son prix. La quatrième étape pourrait être : Méfie-toi des flatteries qui précèdent la convoitise. Demande-toi ce qui arrivera lorsque le train de la convoitise sera passé. Qui seras-tu alors ? Peut-être un wagon vide qui ne sait plus très bien sur quelle voie de garage il se trouve…

Le Dixième Commandement de Dieu

Tu ne convoiteras pas les biens de ton prochain.

Le Dixième Commandement de Dieu transmis par Moïse nous conduit à une compréhension plus profonde de ce qui se passe sur la Terre, la Terre que Dieu a offerte aux hommes pour qu'elle nourrisse Ses enfants humains.

Mais qu'a fait l'homme de la planète Terre ? Un îlot divisé en parcelles. Celui qui a hérité ou acquis de l'argent et des biens possède de grands terrains qu'il nomme sa propriété. Un autre ne possède lui qu'une toute petite part de ce grand gâteau morcelé qu'est devenue la Terre. Un autre encore n'en possède aucune et travaille pour gagner son pain et nourrir tant bien que mal sa famille, sa femme et ses enfants.

Le grand propriétaire, le grand capitaliste, fait faire le travail par d'autres personnes appelées

ouvriers et employés. Il vit de façon très privilé-
giée et profite, en fin de compte grâce au travail des
autres, de sa vie égoïste. Il n'est pas obligé, comme
ses employés, de gagner son pain jour après jour à
la sueur de son front. D'autres s'en chargent pour
lui. Ouvriers et employés perçoivent leur salaire
tandis que le propriétaire, lui, en dégage un capi-
tal qu'il fait fructifier par de judicieux placements
afin d'accroître encore « ses » biens.

Il est évident que de telles inégalités grandis-
santes peuvent engendrer la jalousie, la haine, la
convoitise et d'autres sentiments du même ordre,
surtout quand on observe la tendance actuelle où
les riches deviennent de plus en plus riches et les
pauvres de plus en plus pauvres.

Ceci ne fait que donner de la force au Dixième
Commandement de Dieu. Jésus de Nazareth di-
sait déjà : « *Il est plus facile à un chameau de passer par le trou d'une aiguille qu'à un riche d'entrer
dans le Royaume de Dieu.* » Cette phrase peut
s'appliquer au morcellement de la planète Terre.
Les riches d'aujourd'hui se préoccupent encore
moins des paroles de Jésus qu'autrefois où chacun se mesurait lui-même davantage à ses valeurs
de cœur et à ses actes désintéressés envers son

prochain. De nos jours, en effet, chacun se considère lui-même comme son propre prochain.

Pourtant, ce qui était valable hier l'est tout autant aujourd'hui : Personne ne peut emporter son argent et ses biens dans l'au-delà. Il en était ainsi pour les riches d'autrefois et il en est de même pour ceux d'aujourd'hui. Aucun d'entre eux ne peut passer à travers le trou de l'aiguille, car pour les riches le Royaume des Cieux est encore très éloigné. Où sera leur âme pauvre lorsque la richesse ne comptera plus ? La loi des semailles et des récoltes se chargera de recréer l'équilibre. C'est pourquoi, convoiter les biens de son prochain n'en vaut pas la peine. En tout cas, la Terre est la planète de Dieu et non l'œuvre de l'égocentrisme humain.

Celui qui saisit le sens des Dix Commandements de Dieu, donnés à travers Moise, reconnaît que si l'être humain ne met pas en pratique la Parole de Dieu, il erre tous les jours, sans savoir qui il est et pourquoi il est incarné dans le monde temporel.

Le Sermon sur la Montagne

de Jésus de Nazareth,
expliqué, rectifié et approfondi
par le Christ Lui-même,
révélé par la prophétesse
et messagère de Dieu, Gabriele

Table des matières

Introduction

l y a plus de deux mille ans, Jésus de Nazareth a offert à l'humanité le Sermon sur la Montagne. Certaines parties essentielles de cet enseignement se trouvent dans la Bible (Matt. 5-7). Le Sermon sur la Montagne contient l'essence des enseignements de Jésus, des indications fondamentales permettant de vivre en accord avec les Lois de Dieu, de nous comporter en conséquence envers nos semblables ainsi qu'envers les animaux et la nature. Celui qui met ces enseignements en pratique dans sa vie quotidienne ressentira très vite que sa vie change, qu'elle devient pacifique et positive.

Les dirigeants des Eglises et les politiciens du monde dit chrétien affirment au contraire que cet enseignement est une utopie et ne peut pas être mis en pratique.

Jésus de Nazareth était-Il donc un utopiste ?

Ou était-Il ce réaliste capable de montrer aux êtres humains le chemin permettant de sortir du labyrinthe de l'ego humain ?

Le Christ, le Fils de Dieu, a cheminé sur cette Terre en Jésus de Nazareth. Depuis qu'Il a prononcé le « Tout est accompli » sur le Mont Golgotha, Son Esprit rédempteur vit et agit en chacun de nous. Au cours des deux mille dernières années, Il a régulièrement parlé à l'humanité par la bouche des prophètes de Dieu. Aujourd'hui, en cette époque de grands bouleversements, Il se révèle à nouveau, à travers Sa prophétesse. Il explique et approfondit les enseignements qu'Il a donnés lorsqu'Il était incarné en Jésus de Nazareth. C'est également le cas dans Sa grande œuvre de révélation « Ceci est Ma Parole. A et Ω. L'Evangile de Jésus. La révélation du Christ que connaissent les véritables chrétiens du monde entier ».

Le présent livre contient un extrait de cette œuvre monumentale qui va bien au-delà du contenu de la Bible. En effet, elle nous donne une immense vue d'ensemble de ce qui a été, de ce qui est et de ce qui sera. Dans cette révélation, le Christ donne également à l'humanité des indications englobant tous les aspects d'une vie véritablement spirituelle en accord avec les Lois divines. Ainsi, dans cette œuvre, « Ceci est Ma Parole », s'accomplissent les paroles qu'Il prononça lorsqu'Il était incarné en Jésus de Nazareth : « J'aurais encore beaucoup de choses à vous dire... » (Jean 16:12) En prenant pour base « L'Evangile de Jésus », un évangile apocryphe, donc qui n'est pas contenu dans la Bible, le Christ décrit Lui-même Sa vie et Son œuvre en tant que Jésus de Nazareth. Il nous montre en particulier c o m m e n t nous pouvons, à l'époque actuelle, vivre selon les Lois de Dieu, selon les Dix Commandements et le Sermon sur la Montagne, et Il nous donne une vision d'avenir, une vision de Son Royaume de paix sur Terre.

Le Sermon sur la Montagne de Jésus contient l'essence du Chemin Intérieur dont le Christ enseigne aujourd'hui tous les niveaux et tous les détails grâce à Sa Parole prophétique. Le Chemin Intérieur est le chemin de la connaissance de soi et, par amour pour Dieu, du dépassement des erreurs du moi humain.

Celui qui suit avec succès ce chemin menant au désintéressement, à l'égalité, la liberté, l'unité, la fraternité et la justice, reçoit la force d'accomplir de plus en plus le Sermon sur la Montagne et les

Dix Commandements dans sa vie quotidienne, également dans sa vie professionnelle et dans le domaine économique.

Le présent livre vise à transmettre le Sermon sur la Montagne de Jésus à tous ceux qui sont en recherche. Il ne contient pas seulement les parties conservées dans la Bible, mais l'enseignement complet comportant les explications et les approfondissements que le Christ a donnés à l'humanité d'aujourd'hui par Sa parole prophétique. Ce livre est également destiné à donner au lecteur un aperçu de la profondeur de l'œuvre « Ceci est Ma Parole. A et Ω. L'Evangile de Jésus. La révélation du Christ que connaissent les véritables chrétiens du monde entier ».

Comme déjà indiqué, pour la rédaction de cette œuvre, le Christ se base sur le livre « L'Evangile de Jésus. Que s'est-il passé il y a maintenant plus de 2000 ans ? » Cependant, du fait que certains passages de ce livre sont incomplets et parfois incorrects, le Christ, à notre époque, explique et rectifie ce texte. Les passages que le Christ ne reprend pas correspondent en substance à la vérité sur Sa vie et Son œuvre lorsqu'Il était incarné en Jésus de Nazareth. Par ailleurs, le Christ approfondit et développe certains récits essentiels de « L'Evangile de Jésus ». Ainsi, l'œuvre complète « Ceci est Ma Parole » offre à l'humanité toute la vérité, tous les aspects essentiels de la vie de Jésus et de Ses enseignements.

Dans « Ceci est Ma Parole », on peut lire en alternance les versets de « l'Evangile de Jésus » et les paroles du Christ avec lesquelles, en 1989, Il a expliqué, rectifié et approfondi ces passages. Cette structure a également été conservée dans l'extrait contenu dans le présent livre. Des titres ont été ajoutés afin d'articuler le texte et de lui donner une forme plus claire.

Ce livre contient également les Douze Commandements de Jésus, que le Christ a transmis à l'humanité dans Son œuvre de révélation « Ceci est Ma Parole » (chap. 46, 7-21). Il s'agit pour l'essentiel des Dix Commandements révélés par Dieu à travers Moïse et développés par Jésus de Nazareth pour Son Royaume de paix en devenir sur la Terre.

Pour le lecteur qui souhaite mettre en pratique dans sa vie les commandements du Sermon sur la Montagne de Jésus, l'information qui suit revêt également une importance capitale : Après avoir révélé le contenu complet de Son Sermon sur la Montagne ainsi que le Chemin qui mène à Dieu au plus profond de chacun, le Christ, en 1991, révéla ce qu'il y a de plus élevé, la Loi Absolue, dans Son œuvre « Les grands enseignements cosmiques de Jésus de Nazareth à Ses apôtres et Ses disciples qui pouvaient les comprendre. La vie des personnes véritablement emplies de Dieu ». Il s'agit de la Loi des Cieux donnée en aide supplémentaire à tous ceux qui ont entrepris de redevenir purs de cœur en accomplissant les Lois de Dieu.

Dieu a donné et donne. Il ne demande pas si les hommes reconnaissent Sa Parole, la Parole de Dieu, et vivent selon elle. Chacun peut l'examiner et décider lui-même de ce qu'il veut faire. Que celui qui peut le comprendre le comprenne.

Les Editions Gabriele – La Parole

Les béatitudes

En voyant la foule, Jésus alla sur une montagne. Et lorsqu'Il fut assis les douze vinrent à Lui. Il leva les yeux sur Ses disciples et dit :

« Bienheureux en esprit sont les pauvres, car le Royaume des Cieux leur appartient. Bienheureux ceux qui souffrent, car ils seront consolés. Bienheureux les doux, car ils posséderont la terre. Bienheureux ceux qui ont faim et soif de justice, car ils seront rassasiés.

Bienheureux les miséricordieux, car ils recevront la miséricorde. Bienheureux ceux dont le cœur est pur, car ils contempleront Dieu. Bienheureux les pacificateurs, car ils seront appelés enfants de Dieu. Bienheureux ceux qui sont persécutés pour avoir choisi la juste cause, car le Royaume de Dieu leur appartient.

Oui, vous serez bienheureux quand les hommes vous haïront et vous chasseront de leur communauté, vous calomniant et bannissant vos noms à cause du Fils de l'homme. Réjouissez-vous en ce jour et sautez de joie, car voyez, votre récompense sera *grande au Ciel. Car leurs pères ont agi de la même manière envers les prophètes. (Chap. 25, 1-4)*

Le Christ explique, rectifie et
approfondit la parole :

Le Sermon sur la Montagne est le Chemin Intérieur menant au cœur de Dieu, le chemin qui conduit à la perfection.

Les bienheureux contempleront le Christ et posséderont la terre avec Moi, le Christ, en toute humilité et avec douceur. Bienheureux celui qui contemple la splendeur du Dieu Père-Mère en toute chose ! Il est devenu alors un exemple vivant pour beaucoup.

Je conduis les Miens à la connaissance de la vérité.

Celui qui vient de la vérité entend Ma voix parce qu'il est lui-même la vérité. De ce fait, il entend et contemple la vérité.

Les bienheureux sont sans crainte et joyeux, car ils contemplent et entendent ce que n'entendent et ne voient pas ceux qui se cachent encore derrière leur moi humain et s'y cramponnent de toutes leurs forces pour ne pas être reconnus.

Mais les bienheureux voient à l'intérieur du cachot du moi humain et y perçoivent les pensées les plus cachées de leurs prochains. Ils l'éclairent avec la force de leur conscience lumineuse et s'adressent à leurs semblables en disant :

« Bienheureux en esprit sont les pauvres, car le Royaume des Cieux leur appartient ! »

L'expression « les pauvres » ne désigne pas la pauvreté matérielle. Ce n'est pas elle qui apporte la félicité dans l'Esprit, mais le profond attachement à Dieu, qui conduit à accomplir Sa volonté. C'est cela la richesse intérieure.

L'expression « les pauvres » désigne tous ceux qui ne cherchent pas à posséder et à amasser des biens. Leurs pensées et leur cœur sont orientés vers la vie de la communauté, ce qui signifie qu'ils gèrent conformément à la Loi divine les biens que Dieu a donnés à tous. Ils ne désirent et n'aspirent pas aux choses de ce monde. Ils sont au service du bien commun, tendent leurs bras vers Dieu et suivent consciemment le chemin menant à la vie intérieure. Leur but est le Royaume de Dieu à l'intérieur d'eux-mêmes, qu'ils veulent enseigner et apporter à toutes les personnes de bonne volonté.

Leur richesse intérieure c'est la vie en Dieu, pour Dieu et pour leurs prochains. Ils vivent le commandement « Prie et travaille ».

Ils cheminent vers l'Esprit de Dieu et reçoivent de Dieu ce dont ils ont besoin pour leur vie terrestre et plus encore. Ce sont là les bienheureux dans l'Esprit de Dieu.

« Bienheureux ceux qui souffrent, car ils seront consolés. »

La souffrance ne vient pas de Dieu ; dans la plupart des cas elle a été engendrée par celui qui l'éprouve. Mais il se peut également que dans le royaume des âmes, l'âme de la personne qui souffre ait pris sur elle une partie des charges d'autrui afin de l'expier sur Terre, de sorte que l'âme du frère ou de la sœur puisse ainsi accéder à des régions plus élevées de la vie intérieure.

Celui qui porte sa souffrance sans en attribuer la faute à autrui et qui, dans la souffrance, reconnaît ses fautes et faiblesses, s'en repent, demande pardon et pardonne, recevra la miséricorde de Dieu, car l'Eternel veut réconforter Ses enfants, les aider et leur enlever ce qui n'est ni bon ni salutaire pour leur âme. En effet, lorsque la souffrance quitte l'âme, c'est-à-dire lorsque les causes qui y étaient actives sont effacées, la personne se rapproche de Dieu.

« Porte ta souffrance » signifie : Ne t'en plains pas ; n'accuse ni Dieu ni ton prochain. Trouve dans ta souffrance ton propre comportement erroné qui en est à l'origine.

Repens-toi, pardonne, demande pardon et ne répète plus le péché que tu as reconnu. Dieu peut alors effacer cette faute de ton âme et tu reçois de Lui davantage de force, d'amour et de sagesse.

Si tu rencontres une personne touchée et éprouvée par la souffrance, qui demande ton aide, porte-lui assistance et aide-la comme tu le peux et en fonction de ce qui est bon pour son âme. Et si ton prochain accepte ton aide avec reconnaissance et qu'elle lui est bénéfique, si cela t'est possible, donne-lui alors davantage.

Mais toi qui l'aides, fais-le de façon désintéressée. Si tu le fais parce que tu t'y sens obligé, tu ne recevras aucune récompense spirituelle et tu ne rendras pas non plus service à l'âme de celui qui souffre ; tu serviras uniquement son corps, le véhicule de l'âme.

**« Bienheureux les doux, car ils possèderont
la terre. »**

Douceur, humilité, amour et bonté vont ensemble. Celui qui est devenu amour désintéressé
est également devenu doux, humble et bon. Il est
empli de sagesse et de force.

Les personnes vivant dans Mon Esprit, qui aiment avec désintéressement, posséderont la terre.
O voyez, le chemin menant au cœur de Dieu est
le chemin qui conduit au cœur de l'amour désintéressé. De l'amour désintéressé s'écoule la paix
de Dieu.

Ceux qui suivent le chemin menant au cœur
de Dieu, tout comme ceux qui vivent déjà en
Dieu, agissent pour la Nouvelle Ere, ils enseignent
le chemin menant à Dieu à tous ceux qui le
souhaitent. De cette manière, ils prennent toujours plus possession de la terre, ceci dans Mon
Esprit.

**« Bienheureux ceux qui ont faim et soif de
justice, car ils seront rassasiés. »**

Celui qui a faim et soif de la justice de Dieu
cherche la vérité, il aspire à la vie en Dieu et avec
Dieu. Il sera rassasié.

Toi Mon frère, toi Ma sœur qui aspires à la justice, à la vie en Dieu et avec Dieu, sois réconforté et élève-toi hors du moi humain pécheur ! Réjouis-toi, car le temps est venu où le Royaume de Dieu se rapproche de tous ceux qui s'efforcent d'accomplir les commandements de la Vie.

Vois, Moi, ton Rédempteur, Je suis la vérité en toi. Je suis donc en toi-même le chemin, la vérité et la Vie.

La vérité est la Loi de l'amour et de la Vie. Les Dix Commandements, qui sont un extrait de la Loi universelle de Dieu, t'indiqueront le chemin de la vérité. Respecte les Dix Commandements et tu suivras de plus en plus le Sermon sur la Montagne dans lequel sont décrits les fondements du chemin qui mène à la vérité.

Le chemin qui mène à la vérité est le chemin menant au cœur de Dieu, la Vie éternelle qui est amour désintéressé. La mise en pratique du Sermon sur la Montagne conduit au Royaume de Dieu, aux Lois du Royaume de paix de Jésus-Christ. Si tu l'approfondis et l'accomplis, tu parviendras à la sagesse divine.

Prends conscience que personne ne devrait avoir faim et soif de justice. Fais le premier pas vers le Royaume de l'amour en commençant par être juste envers toi-même. Exerce-toi à penser et à vivre positivement et tu deviens alors peu à peu une personne juste qui apporte la justice de Dieu dans ce monde et qui l'incarne parce que tu accomplis la volonté de Dieu, le Seigneur, à partir de Son amour et de Sa sagesse.

Prends conscience que le temps approche où ce qui est révélé s'accomplira. Le lion sera couché près de l'agneau parce que par Moi, leur Rédempteur, les hommes auront remporté la victoire sur eux-mêmes. Ils formeront une grande famille en Dieu et vivront en unité avec tous les animaux et toute la nature.

Réjouissez-vous, le Royaume de Dieu s'est rapproché de vous ; et avec lui, Moi aussi, le Pacificateur, votre Rédempteur, le souverain du Royaume de paix de Jésus-Christ.

« Bienheureux les miséricordieux, car ils recevront la miséricorde. »

La miséricorde de Dieu est Sa douceur et Sa bonté. Pour toutes les âmes, elle est le portail menant à la perfection de la vie. Tous ceux qui, par Moi, le Christ qui vit dans le Dieu Père-Mère, auront développé dans leur âme les sept forces fondamentales de la Vie – la Loi de l'ordre jusqu'à la miséricorde – passeront en tant qu'êtres spirituels purs par le portail de la miséricorde pour entrer dans l'amour désintéressé, le Royaume de Dieu, les Cieux purs, et vivront en paix. Le portail qui s'ouvre sur l'Existence éternelle est la septième force fondamentale, la miséricorde ; dans l'Esprit de Dieu, elle est appelée bonté et douceur. Tous ceux qui s'efforcent de développer la miséricorde recevront la miséricorde et assisteront ceux qui se trouvent encore sur le chemin menant à la miséricorde.

Comprenez que suivre le chemin menant au cœur de Dieu, c'est suivre le chemin qui mène à la communauté avec ceux qui partagent les mêmes buts. Car Dieu est unité, et l'unité en Dieu c'est la communauté en Dieu et avec Dieu, ainsi qu'avec le prochain.

Celui qui a fait les premiers pas sur le chemin vers la perfection accomplira le commandement de l'unité : Un pour tous, le Christ, et tous pour Un, le Christ.

Comme cela a déjà été révélé, le Sermon sur la Montagne est le chemin d'évolution qui conduit à la vie intérieure. Tous ceux qui ont déjà progressé sur ce chemin de développement vers le cœur de Dieu aident à leur tour ceux qui ne sont qu'au début du chemin. En tous et au-dessus de tous rayonne le Christ que Je suis.

« Bienheureux ceux qui ont le cœur pur, car ils contempleront Dieu. »

Le cœur pur c'est l'âme pure redevenue l'être spirituel absolu, par Moi, le Christ dans le Dieu Père-Mère.

Les âmes pures redevenues des êtres célestes sont de nouveau à l'image du Père éternel et contemplent l'Eternel face à face. Elles contemplent, vivent et perçoivent en même temps la Loi du Père éternel parce qu'elles sont redevenues Esprit issu de Son Esprit, la Loi éternelle elle-même.

Tant qu'une personne ou une âme doit encore s'efforcer de percevoir en elle l'Esprit de Dieu, cela signifie qu'elle n'est pas encore redevenue Esprit issu de Son Esprit, la Loi de l'amour et de la Vie.

Celui qui par contre est redevenu la Loi de l'amour et de la Vie contemple le Père éternel face à face et est constamment et consciemment en communication avec Lui. Il contemple également la Loi de Dieu, la Vie issue de Dieu, dans sa totalité parce qu'il est lui-même Vie et amour et évolue dans ces principes. Celui qui vit dans la Loi Absolue l'a entièrement redéveloppée, de l'ordre jusqu'à la miséricorde. Les sept forces fondamentales de l'Infini le servent parce qu'il est en harmonie et en unité absolue avec toute vie.

« Bienheureux les pacificateurs, car ils seront nommés enfants de Dieu. »

Le sens de ces mots est le suivant : Bienheureux ceux qui vivent en paix. Ils apportent la paix véritable sur la Terre parce qu'ils sont eux-mêmes devenus pacifiques. Ils sont consciemment des enfants de Dieu.

« Bienheureux ceux qui sont persécutés pour avoir choisi la bonne cause, car le Royaume de Dieu leur appartient. »

Prenez conscience que ceux qui suivirent Mes traces ne furent pas reconnus par les personnes accrochées à ce monde, parce que ces dernières Me méprisèrent également lorsque J'étais incarné en Jésus. A toutes les époques, ceux qui suivirent vraiment l'exemple du Nazaréen durent beaucoup endurer et beaucoup subir.

Malheureux êtes-vous...

Malheureux êtes-vous, les riches ! Car vous avez déjà reçu votre consolation dans cette vie. Malheureux êtes-vous, vous qui êtes rassasiés, car vous aurez faim. Malheureux êtes-vous, vous qui riez maintenant, car vous serez affligés et pleurerez demain. Malheureux êtes-vous, si tout le monde dit du bien de vous, car vos pères se comportèrent de la même manière envers les faux prophètes. (Chap. 25, 5)

Le Christ explique, rectifie et
approfondit la parole :

« Malheureux êtes-vous, les riches ! Car vous avez déjà reçu votre consolation dans cette vie. » Celui qui considère sa richesse comme sa propriété est spirituellement pauvre. Beaucoup de ceux qui sont riches en biens de ce monde ont reçu pour cette incarnation la tâche spirituelle de servir d'exemple aux riches qui s'accrochent opiniâtrement, avec entêtement, à leurs richesses et dont l'unique but est de les multiplier pour eux-mêmes. Une personne riche en biens de ce monde, qui a pris conscience que sa richesse est un don que Dieu lui accorde afin qu'elle la mette à la disposition du grand tout, pour le bien de tous, et qui la gère conformément aux Lois de Dieu, au service de tous, met en pratique la Loi de l'égalité, de la liberté, de l'unité et de la fraternité. En donnant de manière désintéressée, elle contribue à ce que les pauvres ne vivent pas dans la privation et les riches dans le luxe.

Cela permet de créer peu à peu un équilibre, une classe moyenne de niveau élevé pour tous ceux qui sont prêts à accomplir de manière désintéressée la loi « Prie et travaille ». Ainsi se forge peu à peu la véritable humanité, une communauté dont les membres n'amassent pas de richesses terrestres personnelles, mais qui considèrent toute chose comme un bien commun qui leur a été donné par Dieu.

Une personne riche qui considère ses biens et son argent comme sa propriété et qui, en raison de sa richesse, jouit d'une considération dans le monde, subira lors de ses incarnations futures les effets des causes qu'elle aura semées, elle vivra dans des pays pauvres où elle mendiera le pain qu'elle aura refusé à ceux qui en avaient besoin, alors qu'elle était riche. Il en sera ainsi tant que de telles incarnations seront encore possibles.

L'âme d'une telle personne ne trouvera pas davantage la paix dans les plans de purification. Les âmes pauvres en lumière qui, lors de leur incarnation, ont souffert de faim et de soif en raison de l'attitude de cette personne, la reconnaîtront comme étant celle qui leur a refusé ce qui aurait pu les aider à sortir du chaos du moi humain. Beaucoup de ces âmes se tourneront vers elle en l'accusant. L'âme de la personne riche ressentira alors les souffrances et la faim endurées autrefois par ces âmes. Ainsi, l'âme d'une personne qui fut riche et considérée peut éprouver de grandes souffrances, bien plus grandes encore que si elle avait dû mendier son pain lorsqu'elle était dans l'habit terrestre.

Prenez conscience que selon les Lois de l'Eternel, tous ceux qui vivent de façon désintéressée le commandement « Prie et travaille » devraient recevoir à part égale, car Dieu donne à chacun ce dont il a besoin et plus encore. Cependant, tant que ce commandement ne sera pas respecté par tous les hommes, il y aura sur la Terre ceux qu'on appelle des riches. Leur tâche est de partager la richesse qu'ils ont accumulée et de vivre comme ceux qui accomplissent de manière désintéressée le commandement « Prie et travaille ». Si de cette manière ces personnes ne pensent plus à leur propre bien mais au bien de tous, la richesse intérieure se manifestera progressivement également à l'extérieur. Alors plus personne ne souffrira de la faim ni ne manquera du nécessaire.

Malheureux êtes-vous, vous les riches qui considérez votre argent et vos biens comme votre propriété et qui faites travailler vos prochains pour accroître toujours davantage vos richesses ! Je vous le dis : Vous ne verrez pas le trône de Dieu mais continuerez à vivre là où sont posés les pieds de Dieu, c'est-à-dire sur la Terre où vous vous ré-incarnerez aussi longtemps que cela sera encore possible. Même si vous soutenez des organisations caritatives, tant que vous êtes vous-mêmes beaucoup plus riches que ceux qui bénéficient de cette aide, vous êtes esclaves du satan des sens qui veut qu'il y ait un écart entre les pauvres et les riches.

Cet écart génère pouvoir et soumission, jalousie et haine. Il en résulte conflits et guerres. C'est pourquoi ceux qui s'accrochent à leurs richesses, même si de temps à autre ils font œuvre de bienfaisance, servent le satan des sens et agissent contre la Loi de la Vie, contre l'égalité, la liberté, l'unité et la fraternité.

Selon la Loi de la Vie, celui qui considère biens et argent comme sa propriété et les amasse pour lui-même, au lieu de laisser circuler ces énergies matérielles, est un voleur, parce qu'il prive son prochain d'une partie de son héritage spirituel. En effet, tout est énergie. Celui qui lie cette énergie en l'accaparant pour lui seul, agit contre la Loi qui est énergie en constante circulation.

« Malheureux êtes-vous, vous qui êtes rassasiés, car vous aurez faim. » Le cœur de celui qui est riche et repu, qui ne remplit que ses propres granges, est vide. Pour lui, tout s'organise selon les critères du « c'est à moi » et « c'est à toi ». Ses sens et ses pensées tournent autour de « mon » bien, « ma » propriété, « mon » pain, « mon » repas. « Tout cela m'appartient » – c'est là son petit monde. Une telle personne souffrira un jour de la faim et sera dans le besoin, cela jusqu'à ce qu'elle comprenne que tout est Existence pure ;

tout appartient à Dieu et à tous ceux qui s'efforcent de faire les œuvres de Dieu, c'est-à-dire de vivre l'amour désintéressé et la Loi de la Vie qui s'applique sur Terre : « Prie et travaille. »

Une personne préoccupée uniquement par ses biens personnels est pauvre en lumière et crée aujourd'hui déjà les conditions pour être un jour mendiant, soit lors d'une incarnation future, soit lors de la longue pérégrination que son âme devra accomplir dans le royaume des âmes.

Une âme aveuglée par ce qui est matériel a inconsciemment faim de lumière parce qu'elle en manque. C'est pourquoi elle tente par tous les moyens de compenser ce manque, ce qui la pousse par exemple à accumuler des richesses terrestres ou à tomber dans la cupidité, la gloutonnerie, l'ivrognerie et autres formes de convoitises et plaisirs. Une telle âme est insatiable.

« Malheureux êtes-vous, vous qui riez maintenant, car vous serez affligés et pleurerez demain. »

Celui qui rit aux dépens de ses prochains et qui se moque d'eux, connaîtra un jour une profonde tristesse et pleurera sur lui-même, car il a sous-estimé ceux dont il a ri et s'en est moqué. Il devra reconnaître qu'en fait il s'est moqué et a ri de lui-même. Car celui qui juge et condamne son prochain, qui rit à ses dépens, se moque de lui ou le calomnie, Me juge, Me condamne et Me calomnie, rit et se moque de Moi, le Christ.

Prenez conscience que celui qui pèche contre le plus petit de Mes frères pèche contre la Loi de la Vie et en souffrira un jour. En même temps il s'est lié à ceux qu'il a méprisés. C'est pourquoi, soyez vigilants et exercez-vous dans le contrôle de vous-mêmes. Ce n'est pas ce qui entre dans la bouche qui salit votre âme, mais c'est ce qui en sort qui charge votre âme et votre corps.

« Malheureux êtes-vous, si tout le monde dit du bien de vous, car vos pères se comportèrent de la même manière envers les faux prophètes. »
Lorsque vous flattez votre prochain pour en être bien vu et pour obtenir sa reconnaissance, vous êtes tels des faussaires qui paient avec de la fausse monnaie pour en tirer des avantages.

Les faux prophètes se comportent également de façon semblable. Ils ont été et sont bien vus du peuple parce qu'ils l'ont toujours flatté et qu'ils bénéficient du soutien des personnes influentes qui pensent obtenir ainsi des avantages personnels.

Vous qui vivez dans le Royaume de paix, sachez que dans l'ancien monde pécheur, de très nombreuses personnes justes, des vrais prophètes ainsi que des hommes et des femmes emplis de Dieu furent calomniés et persécutés par les riches et les puissants de ce monde, par les autorités ecclésiastiques et leurs partisans, et que beaucoup d'entre eux furent torturés ou tués. De tout temps, les forces sataniques ont utilisé comme instrument ceux qui cherchaient à garder ou à accroître pour eux leurs richesses terrestres, ceux qui aspiraient au pouvoir ainsi que ceux qui se soumettaient entièrement aux riches et aux puissants.

Il est nécessaire que vous sachiez cela pour comprendre pourquoi l'ancien monde pécheur disparut de façon si atroce.

Parmi les faux prophètes, il faut compter ceux qui prêchaient l'Evangile de l'amour sans le mettre en pratique dans leur propre vie. Ce sont aussi tous ceux qui se nommaient « chrétiens » sans se comporter comme tels dans leur vie. Ils étaient bien souvent félicités pour leur éloquence et honorés pour leurs richesses et leur prestige.

O voyez, malgré tout, les vrais prophètes et les personnes illuminées par Dieu contribuèrent à ce qu'au fil du temps le cristal de la vie intérieure brille et rayonne de plus en plus de ses nombreuses facettes qui, ensemble, constituent la vérité éternelle. C'est ainsi que, peu à peu, le Royaume de Dieu prit forme sur Terre.

Chers frères et sœurs dans le Royaume de paix, il vous revient de soigner, de garder et de préserver comme une fleur précieuse ce cristal lumineux, scintillant et parfait qu'est la vie intérieure : C'est la Loi de l'amour et de la sagesse de Dieu, Son ordre, Sa volonté, Sa sagesse, Sa rectitude, Sa bonté, Son infini rayonnement d'amour et Sa douceur.

Vous êtes le sel de la Terre

Vous êtes le sel de la Terre, car tout sacrifice doit être salé avec du sel ; mais si le sel a perdu sa saveur, avec quoi salera-t-on ? Alors il ne sera plus bon qu'à être renversé et piétiné. (Chap. 25, 6)

Le Christ explique, rectifie et
approfondit la parole :

Les justes sont le sel de la Terre.

Ils rendront toujours attentif à ce qui ne va pas dans ce monde et mettront le doigt sur la plaie du péché. Car, de tout temps, beaucoup de mal a été commis dans ce monde encore pécheur, et beaucoup de personnes en ont été victimes au nom de l'Evangile.

Les justes dont c'est le cas seront réhabilités par des hommes et des femmes justes, car tout sera révélé par le sel de la Terre. Aujourd'hui, en cette époque de grands bouleversements et de passage du monde ancien et pécheur à la Nouvelle Ere, l'ère de lumière, les justes mettront en lumière l'injustice et la rendront manifeste pour que ceux qui l'ont commise se reconnaissent et se repentent.

Mais soyez vigilants, vous les justes qui êtes le sel de la Terre, pour que celui-ci ne perde pas sa saveur. Veillez donc à demeurer dans la justice et à ne pas vous laisser séduire, car à qui revient-il d'apporter la justice dans ce monde et de rendre attentif aux dysfonctionnements et péchés créés par les hommes ? Uniquement à ceux qui connaissent Mon Nom et sont inscrits dans le livre de l'Agneau.

Celui qui a cessé d'être le sel de la Terre rejoint les rangs de ceux qui ont usurpé et continuent d'usurper Mon Nom pour atteindre leurs buts, ceux qui persécutèrent les justes, les calomnièrent et les tuèrent.

Si le sel de la Terre s'affadit et qu'une personne méprise ses prochains, elle succombera alors à ses propres causes. Exprimé sous forme d'image : elle se piétinera elle-même. Les causes qu'elle n'a pas encore mises en ordre provoquent en elle

maladies, dépérissement et souffrances. L'âme
pauvre en lumière souffrira et ressentira dure-
ment en elle le mal qu'elle a infligé à son prochain.

Vous êtes la lumière du monde

Vous êtes la lumière du monde. La ville qui est bâtie sur une colline ne peut rester cachée. On n'allume pas non plus une lumière pour la mettre sous le boisseau, mais pour la mettre sur un chandelier afin qu'elle éclaire tous ceux qui sont dans la maison. Ainsi, que votre lumière rayonne aux yeux des gens, pour qu'ils voient vos bonnes œuvres et louent votre Père au Ciel. (Chap. 25, 7)

Le Christ explique, rectifie et
approfondit la parole :

Je suis la lumière du monde.

Lors du gigantesque changement d'ère, toujours plus de cœurs s'enflammèrent à Ma lumière et reconnurent la vérité éternelle contenue dans Ma Parole. Toujours plus de personnes suivirent le Chemin Intérieur et acceptèrent les dons de la Vie, c'est-à-dire les enseignements et les leçons issus de la vérité éternelle leur permettant de se rapprocher de Dieu, l'Existence éternelle.

Beaucoup d'hommes et de femmes devinrent Mes fidèles parce qu'ils accomplissaient la volonté de Dieu. Ils fraternisèrent en Mon Esprit et devinrent les pionniers de la Nouvelle Ere qui posèrent les fondations du Royaume de Dieu sur Terre et commencèrent à le bâtir.

Ne pensez pas que je sois venu pour détruire la Loi ou les Prophètes. Je ne suis pas venu pour les détruire, mais pour les accomplir. Car en vérité Je vous le dis : Tant que le ciel et la Terre existeront, pas la moindre lettre, pas un iota ne disparaîtra de la Loi et des prophètes, jusqu'à ce que tout soit accompli. Mais voyez, quelqu'un de plus grand que Moïse est ici, et celui-ci vous donnera la Loi suprême, et même la Loi parfaite, et c'est à cette Loi que vous devrez obéir. (Chap. 25, 8)

Le Christ explique, rectifie et
approfondit la parole :

Incarné en Jésus de Nazareth J'ai enseigné aux hommes et aux femmes qui Me suivaient, et à tous ceux qui M'écoutaient, des parties de la Loi parfaite, la Loi Absolue. Je leur ai également expliqué que la Loi absolue de l'amour rayonne également dans la loi des semailles et des récoltes, car l'Esprit est omniprésent et agit aussi dans la loi des semailles et des récoltes qui est la loi de la chute.

A travers Moi, le Christ incarné en Jésus de Nazareth, et à travers tous les autres véritables prophètes de Dieu, l'Eternel a enseigné et mis en garde Ses enfants vivant sur les plans imparfaits en leur expliquant que la loi de la chute, la loi des semailles et des récoltes, agit continuellement. Celui qui ne se reprend pas à temps et donc ne rebrousse pas chemin devra supporter les effets des causes qu'il a créées. L'Eternel s'est toujours efforcé, aujourd'hui encore [1989], de conduire tous Ses enfants humains et toutes les âmes à Son cœur, à la Loi de l'amour éternel, avant que la ré-colte – c'est-à-dire les effets des causes qu'ils ont générées – ne les touche. A travers Moi, le Christ, l'Eternel les conduit à des prises de conscience sur eux-mêmes. Il leur donne la force de mettre en ordre les péchés et les fautes qu'ils reconnaissent.

Le Christ, le Je Suis, s'incarna dans ce monde en Jésus de Nazareth pour enseigner aux êtres humains la Loi éternelle et la vivre en exemple en tant que Fils de l'homme, afin qu'ils comprennent le chemin qui conduit au Père éternel, qu'ils accomplissent Sa Loi et retrouvent ainsi les demeures éternelles qu'Il tient prêtes pour chacun de Ses enfants.

Ceux qui Me suivirent lors de Ma venue sur Terre et qui mirent en pratique les Lois éternelles étaient Mes véritables successeurs.

Ensuite, au cours des générations suivantes, il y avait d'un côté le christianisme et de l'autre le pseudo-christianisme. Il y avait donc d'une part ceux qui Me suivaient librement en accomplissant les Lois du Sermon sur la Montagne, et d'autre part les chrétiens d'apparence qui se contentaient de parler de Moi, le Christ, mais agissaient contre les Lois divines. En outre, il y avait aussi ce qu'on peut appeler du « discipulat forcé » qui découlait de la christianisation forcée des masses par les Eglises.

Sachez que dans la Loi éternelle il n'y a pas de contrainte. Dieu, l'Eternel, a donné le libre arbitre à tous Ses enfants. Celui qui prend librement la décision de suivre le Christ reçoit la force de mettre en pratique ce qui caractérise le vrai christianisme : l'égalité, la liberté, l'unité, la fraternité et la justice. Toute contrainte vient de la loi des semailles et des récoltes, appelée aussi « loi de la chute ». Il est demandé à l'être humain de choisir librement son chemin spirituel. Moi, le Christ, Je propose à chacun le chemin qui mène au cœur de Dieu mais Je n'oblige personne à le suivre. Celui qui contraint son prochain vit lui-même sous la contrainte de la loi de la chute et incarne par là même la pensée de la chute.

Plusieurs confessions se réclamant du christianisme contraignent leurs fidèles au baptême par l'eau. A travers cet acte, de petits enfants dont le libre arbitre n'est pas encore développé et qui ne peuvent donc pas décider par eux-mêmes, sont obligés d'intégrer une Eglise et de prendre part à ses autres rituels.

Ceci constitue une atteinte au libre arbitre, une christianisation forcée. Ces procédés appartiennent à la loi de la chute.

Ceux qui ne M'acceptent pas librement, Moi le Christ, et ne M'accueillent pas au fond d'eux-mêmes, par profonde conviction intérieure, ont généralement de grandes difficultés à comprendre et à accepter les Dix Commandements qui sont des extraits de la Loi éternelle. En effet, ces derniers ont été relégués à l'arrière-plan par de nombreuses pratiques extérieures, des dogmes, des rites, des coutumes et des cultes. Ces pratiques extérieures sont devenues le point central des institutions ecclésiastiques. Pourtant, elles n'ont rien de commun avec le christianisme intérieur, la religion intérieure, elles proviennent en partie directement de l'époque du polythéisme et de l'idolâtrie, et ainsi, des plans de la chute.

C'est seulement en se détachant librement des dogmes, des formes rigides, des rites et des cultes imposés, et aussi en abandonnant ses propres représentations de Dieu, qu'il est possible d'être progressivement conduit vers l'intérieur, vers son être véritable. C'est là, au plus profond de lui-même, que l'être humain trouve son être véritable, l'être en Dieu, qui vit dans le Royaume de Dieu, présent en chacun. Cette vie intérieure c'est la religion véritable, la religion intérieure.

Voyez, la Loi éternelle et universelle, la Loi des Cieux qui intègre tout, est immuable. C'est la Loi de toute Existence pure. C'est la chute qui généra la loi des semailles et des récoltes. Celle-ci ne pourra être résorbée que par la mise en pratique des Lois éternelles mais ne peut cependant pas être contournée. La loi des semailles et des récoltes agit dans l'âme jusqu'à ce que les péchés soient reconnus, mis en ordre, expiés et Me soient remis, à Moi le Christ de Dieu. Alors seulement la loi de la chute est abrogée dans l'âme. L'âme est alors en majeure partie libérée de son impureté et redevient l'être pur en Dieu, qui vit la Loi Absolue, parce qu'elle aspire à nouveau à la Loi Absolue de l'amour et de la vie qui règne sur tout.

La loi des semailles et des récoltes restera valable tant que tout ce qui est contraire à la Loi divine n'aura pas été acquitté et transformé en énergie positive et que tous les êtres vivants n'évolueront pas de nouveau en Dieu, d'où ils proviennent. C'est parce que tous les êtres issus de Dieu auront accompli le chemin de retour vers Son cœur, la Loi Absolue, que l'ensemble des plans de purification, des plans semi-matériels et des plans matériels, la Terre y compris, se transformeront en énergie cosmique et vibreront de nouveau dans la Loi Absolue. La loi de la chute sera alors résorbée et l'amour de Dieu consciemment vécu règnera dans tout ce qui Est et en chaque être.

Pas un « iota » ne sera ôté de la Loi éternelle que les vrais prophètes, qui M'ont précédé ou succédé, ont apportée et que J'ai vécue en exemple en tant que Jésus de Nazareth.

L'expression *« pas la moindre lettre, pas un iota »* veut dire : pas le moindre aspect de la vérité éternelle ; il ne s'agit pas de la lettre ni des mots humains en tant que tels. Le langage humain est souvent fait de symboles qui renferment un sens plus profond. Ce n'est que lorsqu'une personne est capable de ressentir dans le langage des symboles qu'elle est en mesure de percevoir la vérité et le sens de la vie qui se cachent au plus profond des mots du langage humain.

« La Loi supérieure » est le pas qui mène à la Loi parfaite. Elle est enseignée sur les plans de préparation situés devant le portail des Cieux, aux êtres largement purifiés en provenance de la Terre et du royaume des âmes. La Loi supérieure est l'ultime niveau d'enseignement avant le portail des Cieux. Elle indique aux êtres pratiquement purs comment réactiver dans leur corps spirituel le rayonnement légitime afin qu'ils puissent l'employer dans l'infini.

Lorsque J'étais incarné en Jésus de Nazareth, J'ai enseigné des parties de la Loi parfaite, la Loi

Absolue. Cependant, Je n'ai pas pu la transmettre en totalité, parce que Mes contemporains étaient encore trop attachés au polythéisme et aux différentes croyances de leur époque. C'est pourquoi, Je leur ai dit à peu près en ces termes : Quand le temps sera venu, Moi, l'Esprit de la vérité, Je vous conduirai dans toute la vérité.

J'ai été crucifié par les Romains sur le mont Golgotha – qui signifie « le mont du crâne » – parce que le peuple ne M'a pas reconnu et accepté comme étant le Messie. Bien que J'aie prêché, enseigné et guéri dans toute la vallée du Jourdain, bien que J'aie donné beaucoup de signes de Ma divinité, le peuple buté resta assujetti aux hommes du temple et pour cette raison se rendit coresponsable de la mort de Jésus de Nazareth.

Lorsque furent prononcées les paroles dont le sens est à peu près le suivant : « *Tout est accompli* », les étincelles rédemptrices pénétrèrent dans toutes les âmes chargées et déchues. C'est ainsi que Je suis devenu et que Je suis encore le Rédempteur de tous les êtres humains et de toutes les âmes.

J'ai agi comme Christ de Dieu et Je continue à le faire. Dans toutes les générations, et jusqu'à aujourd'hui [1989], Je Me suis révélé à travers de véritables instruments de Dieu, des personnes dont l'âme était en majeure partie purifiée.

Au cœur de ce gigantesque changement d'ère où l'ère de la lumière se rapproche de plus en plus de l'humanité, J'enseigne la Loi éternelle sous toutes ses facettes et toujours plus de personnes suivent le sentier qui conduit vers l'intérieur, le sentier qui mène à l'amour de Dieu.

L'époque que J'ai annoncée en tant que Jésus de Nazareth est venue : « *Maintenant, vous ne pouvez pas encore le porter – c'est-à-dire le comprendre – mais quand viendra l'Esprit de vérité, Il vous conduira dans la vérité tout entière.* » Je suis maintenant en Esprit parmi les Miens, parmi les personnes fidèles qui cheminent vers l'Existence éternelle, vers la conscience de Mon Père. Je leur enseigne la Loi absolue et éternelle pour que ceux qui vivront dans le Royaume de paix l'accomplissent aussi et vivent ainsi en Moi et Moi à travers eux.

Mes Paroles sont Vie, elles sont la Loi éternelle. Elles resteront dans le cœur de ceux qui cheminent vers la vie éternelle, ainsi que dans beaucoup d'écrits, comme par exemple ce livre écrit pour le Royaume de paix de Jésus-Christ.

Prenez conscience que seule la Loi éternelle de l'amour rend libre, en aucun cas la loi des semailles et des récoltes. Celle-ci ne procure que souffrance, maladie, misère et dépérissement.

Respecte les commandements –
puis alors seulement enseigne

Celui qui enfreindra un seul des commandements qu'Il donnera et qui enseignera aux gens à faire de même sera le plus petit dans le Royaume des Cieux. Mais celui qui les respecte et les enseigne sera appelé grand dans le Royaume des Cieux. (Chap. 25, 9)

Le Christ explique, rectifie et
approfondit la parole :

Les Dix Commandements que Dieu donna à Ses enfants humains à travers Moïse sont des extraits de la Loi éternelle de la Vie et de l'amour. Celui qui les enseigne sans s'y tenir lui-même est un imposteur. Il pèche contre l'Esprit Saint. C'est le plus grand des péchés. Ce faussaire utilise l'amour de Dieu, la Loi de la Vie, à ses propres fins. Ce faisant, il abuse de la Loi éternelle. Tout abus est un vol ; et tout voleur est une personne traquée et pourchassée qui tôt ou tard est rattrapée et inculpée par ses propres actes, par ses propres causes. Car Dieu est un Dieu juste ; par Lui tout est dévoilé, le bien comme le moins bien et le mal.

Par contre, celui qui respecte la Loi de l'amour et de la Vie, c'est-à-dire l'accomplit dans sa vie quotidienne, et enseigne ce qu'il a lui-même mis en pratique est un vrai enseignant spirituel. Il dispense le pain des Cieux et rassasie ainsi un grand nombre de personnes. Celui qui donne à partir de son propre accomplissement est empli de force et de sagesse divines ; quand le moment sera venu, il brillera comme une étoile dans le ciel. Car celui qui est empli de Dieu puise dans le courant du salut et donne avec désintéressement à ceux qui ont faim et soif de justice.

Prenez conscience que c'est par de telles personnes, des hommes et des femmes justes, que la Loi éternelle de l'amour et de la Vie vient dans ce monde. Celui qui donc respecte et enseigne la Loi éternelle sera appelé grand dans le royaume céleste ; cela signifie qu'il recevra de grandes récompenses dans les Cieux.

n vérité, ceux qui croient et obéissent sauveront leur âme, et ceux qui n'obéissent pas la perdront. Car Je vous le dis, si votre justice n'est pas plus grande que celle des docteurs de la loi et des pharisiens, vous n'entrerez pas dans le Royaume des Cieux. (Chap. 25, 10)

Le Christ explique, rectifie et
approfondit la parole :

La phrase « *... ceux qui croient et obéissent sauveront leur âme, et ceux qui n'obéissent pas la perdront* » signifie que celui qui croit dans les Lois de Dieu et les suit sauvera son âme de la roue de la réincarnation qui ne l'attire dans la chair que jusqu'à ce qu'elle ait mis en ordre tout ce qui la pousse à s'incarner encore et encore.

Prenez conscience que se contenter de croire en la Loi de la Vie ne suffit pas. Seule la foi en la Vie et la mise en pratique des Lois de la Vie conduisent l'être humain et son âme hors de la roue de la réincarnation.

Ne pas respecter les Lois de Dieu, c'est Le trahir et vendre son âme aux ténèbres. Une telle personne recouvre et étouffe la lumière de son âme, sa vie véritable. Elle vit alors dans le péché et plonge son âme dans le sommeil du monde. La loi ou roue de la réincarnation qui pousse les âmes à s'incarner continuera à agir pendant un certain temps afin de permettre aux âmes incarnées de prendre conscience qu'elles ne sont pas de ce monde, qu'elles sont dans l'habit terrestre pour déposer leurs aspects humains et libérer ainsi le divin en elles, leur vie véritable et éternelle.

Tous ceux qui connaissent les écritures ne les interprètent pas forcément selon la lettre, certains le font aussi selon l'esprit. Aussi, comprenez que si votre justice n'est pas plus grande que celle des nombreux docteurs de la loi qui prétendent être justes et enseigner Ma Loi mais qui ne s'y tiennent pas eux-mêmes, vous n'entrerez pas dans le Royaume des Cieux.

C'est pourquoi ne vous liez pas aux opinions et conceptions humaines. Mettez en pratique les aspects de la Loi de la Vie dont vous avez pris conscience ; vous saurez ainsi quels sont les prochains pas à faire pour progresser vers les Lois supérieures.

Voyez, la justice de Dieu, c'est Son amour et Sa sagesse. Celui qui ne les développe pas en lui ne les rayonne pas. Il n'est pas non plus en mesure de voir au plus profond de l'Existence éternelle et de découvrir sa vie véritable. Il végète et passe à côté de sa vie véritable. Sur la Terre comme dans l'au-delà, il est un mort spirituel. Il lui manque la bonne attitude, que ce soit dans cette existence terrestre ou dans l'au-delà, parce qu'il n'a pas vécu selon les Lois de la Vie. Il est dépourvu de sagesse et ne fait que transmettre les connaissances qu'il a accumulées. De cette façon, il devient un partisan du péché et finalement un pécheur. Il agit contre la Loi éternelle et s'enfonce ainsi toujours plus profondément dans la loi des semailles et des récoltes.

Réconcilie-toi avec ton prochain

C'est pourquoi, si tu portes ton offrande sur l'autel et te souviens que ton frère a quelque chose contre toi, alors laisse ton offrande devant l'autel et va d'abord voir ton frère, réconcilie-toi avec lui, et alors seulement reviens faire ton offrande. (Chap. 25,11)

Le Christ explique, rectifie et
approfondit la parole :

Si tu cherches à Me vouer ta vie et à Me remettre tes fautes et péchés, et que tu prends conscience que tu es encore en conflit avec ton prochain, dépose tout d'abord ton péché au pied de l'autel intérieur, rends-toi auprès de ton prochain et réconcilie-toi avec lui. Ensuite, si tu es disposé à ne plus refaire ce qui t'a conduit dans ce péché ou quelque chose de similaire, dépose alors ton péché sur l'autel. L'autel se trouve au plus profond de ton temple de chair et d'os. L'Esprit de l'amour et de la Vie transforme alors le péché en force et en Vie, car ce que tu me remets librement, sans contrainte et de bon cœur, et que tu ne répètes plus, tu en seras libéré. Ton âme recevra alors de Moi davantage de lumière.

Je vous prie également de tenir compte de cet autre aspect de la Loi divine : Si vous n'avez péché qu'en pensées ou en sensations contre votre prochain, par des pensées chargées de dureté, de rancune, de vengeance, de jalousie ou de haine, n'allez pas lui en parler. Il ignore le contenu de vos pensées et si vous lui en parlez, il se mettra à y penser. Venez uniquement vers Moi, le Christ, qui suis au plus profond de vous, repentez-vous de vos pensées et parallèlement, adressez à l'âme de votre prochain des pensées désintéressées et positives, des pensées de demande de pardon et d'union intérieure. Alors Je résous ce qui a été causé en pensées. Et si désormais vous ne pensez plus ainsi, vous êtes déjà pardonnés.

Prenez conscience qu'en communiquant à votre prochain le contenu de vos pensées négatives, vous pourriez toucher en lui des aspects humains actuellement en cours de transformation. Ces aspects pourraient alors être réactivés, l'amenant ainsi à penser et parler à nouveau de façon négative et à se charger en conséquence.

Selon la Loi divine, celui qui a été stimulé à penser à nouveau négativement en raison de votre mauvais comportement n'est pas le seul à se charger. Vous qui avez exprimé vos pensées et ainsi stimulé dans votre prochain des aspects humains qui étaient en cours de transformation, vous vous chargez également.

Par contre, si vous exprimez des paroles contraires à la Loi en prononçant des accusations, des insultes ou des propos malveillants contre votre prochain, même si celui-ci ne l'a appris que par un tiers, allez lui demander pardon. S'il vous pardonne, le Père céleste et éternel en Moi, le Christ, vous a pardonné aussi. Mais si votre prochain refuse de vous pardonner, le Père céleste et éternel en Moi, le Christ, ne pourra pas non plus vous pardonner. Cependant, l'amour du Dieu Père-Mère touchera de plus en plus son cœur endurci afin qu'il se ravise plus rapidement et vous accorde son pardon, de sorte que Dieu en Moi, le Christ, puisse également vous pardonner et que tout ce qui fut jadis contre la Loi soit effacé et transformé.

Ainsi, méfiez-vous de votre propre langue ! Car les aspects contraires à la Loi divine qui sortent de votre bouche peuvent nuire à votre prochain et à vous-mêmes bien davantage que les pensées que vous avez reconnues à temps, avant que leurs effets ne se manifestent, et que vous M'avez remises, à Moi, le Christ en vous.

Voici un autre aspect de la Loi : Même si vous ne les voyez et ne les entendez pas, les pensées sont pourtant là. Elles vibrent dans l'atmosphère et peuvent influencer ceux dont les pensées sont de même nature. Si vous Me les remettez à temps, elles seront effacées, à moins que l'âme de votre prochain ne les ait déjà enregistrées en elle. Dans un tel cas, vous serez conduit de telle manière à pouvoir faire du bien à la personne envers qui vous avez eu des pensées négatives. Si vous le faites de façon désintéressée, sans exprimer les pensées négatives que vous avez eues, ce qui avait été enregistré dans son âme y sera alors effacé. De même, ce que votre âme avait émis à son endroit sera également effacé en vous.

Pardonne et demande pardon

Réconcilie-toi le plus rapidement possible avec ton ennemi, tant que vos chemins se croisent encore, pour que ton ennemi ne te livre pas au juge et que ce dernier ne te livre au bourreau et que tu n'en ressortes qu'après avoir payé le dernier centime. (Chap. 25, 12)

Le Christ explique, rectifie et
approfondit la parole :

« *Réconcilie-toi le plus rapidement possible avec ton ennemi, tant que vos chemins se croisent encore* » signifie : N'attends pas pour mettre en ordre ce que tu as fait à ton prochain ! Fais-le au plus vite pendant qu'il suit encore avec toi son chemin de vie sur la Terre, car lorsque son âme aura quitté celle-ci, il te faudra peut-être attendre longtemps avant de pouvoir le rencontrer à nouveau pour lui demander pardon.

Comprenez que le juge dont il est question ici, c'est la loi des semailles et des récoltes. Quand elle devient active, tu n'as plus d'autre choix que de t'acquitter de ta dette jusqu'au « dernier centime », c'est-à-dire jusqu'à ce que tout ce que tu as causé et dont tu ne t'es pas repenti à temps ait été expié.

C'est pourquoi utilisez la chance qui vous est donnée de pouvoir demander pardon ou de pardonner à votre prochain, tant que vous cheminez ensemble sur la Terre et tant que le péché ne s'est pas encore gravé dans l'âme et transformé en cause. Celui qui ne pardonne pas et ne demande pas pardon devra en porter les conséquences, jusqu'à ce qu'il ait « payé le dernier centime ».

C'est pourquoi, réconciliez-vous le plus vite possible avec vos prochains. Si des causes, telles que des disputes, de l'envie ou de la jalousie, ont déjà pris racine dans votre âme et dans celle de votre prochain contre qui vous êtes, il est alors possible que celui-ci ne vous pardonne pas de sitôt, même si vous avez reconnu votre part de responsabilité et vous en êtes repenti. En effet, il est possible qu'un complexe de fautes ait été renforcé dans son âme en raison des pensées de même nature que vous avez déclenchées en lui. Sous l'action du comportement pécheur que vous avez longtemps alimenté à son égard, il a lui aussi entretenu dans son âme sa rancune contre vous, édifiant ainsi un important champ d'énergie négatif, un complexe de fautes sur lequel chacun de vous doit travailler pour le résoudre. La possibilité de le mettre en ordre peut s'offrir à vous soit au cours de cette incarnation, soit seulement dans le royaume des âmes ou lors de prochaines incarnations.

Voyez, avant que son destin ne s'abatte sur une personne, elle est mise en garde par l'Esprit de la Vie, qui est également la Vie de l'âme, ainsi que par son ange gardien ou ses prochains. Les exhortations émanant de l'Esprit sont de très fines sensations qui s'écoulent de l'âme ou qui sont insufflées par l'ange gardien dans le monde de ses sensations ou de ses pensées. Elles l'exhortent à changer sa manière de penser ou à mettre en ordre ce qu'elle a causé. L'Esprit éternel de la Vie et l'ange gardien peuvent également inciter des personnes à aller vers quelqu'un sur le point d'être touché par un coup du destin. Elles entament alors une conversation qui, comme automatiquement, évoque la cause du coup du destin qui s'apprête précisément à s'abattre sur lui et qu'il peut ainsi reconnaître et mettre en ordre.

Comme vous pouvez le constater, la lumière éternelle donne des avertissements et des indications de multiples façons, tant à celui avec qui vous avez créé des causes qu'à vous-mêmes.

Les événements de la journée vous donnent également des impulsions qui vous mettent en garde à temps avant que les causes engendrées ne s'abattent sur vous sous la forme d'un coup du destin.

Celui qui prend au sérieux ces indications et met en ordre la faute ou le péché reconnu, par le repentir, le pardon, la demande de pardon et la réparation, n'a pas à endurer les conséquences de ce qu'il a causé. S'il s'agit d'un lourd péché, il est alors possible qu'il ait à subir une partie des effets des causes engendrées, mais pas tout ce qui voulait sortir de l'âme. Par contre, celui qui passe à côté des exhortations, qui ne les voit et ne les entend pas parce qu'il s'enivre de choses humaines, aura à endurer les causes qu'il a lui-même créées et cela, jusqu'au « *dernier centime* ».

Aime tes ennemis

ous avez entendu qu'il est dit : Aime ton prochain et hais ton ennemi. Mais Moi Je vous dis, à vous qui écoutez : Aimez vos ennemis, faites du bien à ceux qui vous haïssent. (Chap. 25, 13)

Le Christ explique, rectifie et
approfondit la parole :

Le commandement de la Vie dit : « *Aimez vos ennemis, faites du bien à ceux qui vous haïssent.* »

Chacun devrait voir en tous ses prochains un frère ou une sœur. Vous devriez également considérer comme vos prochains ceux qui en apparence sont vos « ennemis », et les aimer de façon désintéressée.

Un soi-disant ennemi peut même être pour toi un bon miroir te permettant de parvenir à des prises de conscience sur toi-même. C'est le cas lorsque tu t'énerves de son comportement hostile qui peut avoir de nombreux visages ; en effet, si quelque chose t'irrite chez ton prochain, c'est que tu portes en toi la même chose ou quelque chose de semblable.

Par contre, si tu ne ressens pas vraiment d'énervement et que tu peux facilement pardonner à celui qui t'incrimine et t'accuse, c'est qu'il n'y a pas de correspondance en toi ; tu ne portes pas en toi cet aspect ou des aspects semblables et ils ne provoquent donc pas de résonance dans ton âme. Il est possible que dans une vie antérieure tu aies déjà mis en ordre ou expié ce dont tu as été accusé ou même que tu ne l'aies jamais enregistré dans ton âme. Cela signifie alors que cet aspect se trouvait uniquement dans l'âme de celui qui a émis des pensées, des paroles et des accusations contre toi. Si aucune agitation ne s'éveille en toi, si aucun écho ne provient de ton âme, c'est que tu as seulement été un miroir pour cette personne. Qu'elle regarde ou non dans ce miroir pour y voir son moi humain, tu n'as pas à t'en préoccuper, cela regarde Dieu et elle, Son enfant.

Le simple fait de te voir a fait réagir sa conscience et lui a montré par exemple qu'elle a eu autrefois des pensées et des paroles négatives à ton égard. Elle a maintenant la possibilité de le mettre en ordre. Si elle le fait, ce qui consiste à s'en repentir et à ne plus répéter de telles pensées ou de tels actes, ces aspects sont alors effacés de son âme, c'est-à-dire transformés. Alors seulement, elle te verra avec les yeux de la lumière intérieure. La bienveillance et la compréhension envers le prochain sont un signe qui montre que dans une âme des aspects négatifs ont été transformés en positif.

Bénissez ceux qui vous maudissent

Bénissez ceux qui vous maudissent, et priez pour ceux qui abusent de vous par méchanceté. Vous serez alors les enfants de votre Père qui est au Ciel et qui fait se lever le soleil sur le mal et sur le bien et qui envoie la pluie sur les justes et sur les injustes. (Chap. 25, 14)

Le Christ explique, rectifie et
approfondit la parole :

Celui qui respecte ces commandements est juste envers ses prochains. Et parce qu'il vit en Dieu, il conduira beaucoup de gens à également vivre en Dieu. Dieu ne punit pas et ne châtie pas Ses enfants. Rien que les mots suivants le disent déjà : « *...qui fait se lever le soleil sur le mal et sur le bien et qui envoie la pluie sur les justes et sur les injustes.* »

Dieu est Celui qui donne la Vie parce qu'Il est Lui-même la Vie. A partir de la Loi éternelle de la Vie, Dieu donna le libre arbitre aux êtres humains afin qu'ils se décident eux-mêmes pour ou contre

Lui. Celui qui est pour Lui respecte les Lois éternelles de l'amour et de la Vie et recevra également les dons de l'amour et de la Vie à partir de la Loi éternelle. Celui qui ressent, pense et agit contre la Loi éternelle reçoit ce qu'il a semé, c'est-à-dire ressenti, pensé, dit et fait.

Chacun reçoit donc ce qu'il a semé. Celui qui sème de bonnes graines, c'est-à-dire qui accomplit les Lois de Dieu, récoltera aussi de bons fruits. Celui qui sème des graines humaines dans le champ de son âme, sous forme de sensations, pensées, paroles et actes négatifs, en récoltera aussi les fruits.

Comme vous le voyez, Dieu n'intervient pas dans la volonté de l'être humain. Il est Celui qui donne, qui aide, exhorte, guide et protège tous ceux qui s'efforcent d'accomplir Sa volonté en se tournant vers Lui. Celui qui se détourne de Lui en créant sa propre « loi du moi humain » sera également piloté par elle. Dieu n'intervient pas dans la loi des semailles et des récoltes. Dieu tend la main à Ses enfants de multiples façons. Ceux qui Le prient de tout cœur et qui accomplissent le commandement que Moi, le Christ en Dieu,

Mon Père, Je leur ai donné – de s'aimer les uns les autres de façon désintéressée – ceux-là sont en Dieu et Dieu agit à travers eux.

Accepte ton prochain de tout cœur

En effet, si vous aimez ceux qui vous aiment, quel sera votre mérite ? Car les pécheurs aussi aiment ceux qui les aiment. Et si vous faites du bien à ceux qui vous font du bien, quel sera votre mérite ? Car les pécheurs aussi font la même chose. Et si vous ne saluez que les vôtres, que faites-vous de plus que les autres ? Les publicains ne font-ils pas la même chose ? (Chap. 25, 15)

Le Christ explique, rectifie et approfondit la parole :

Accepte ton prochain et accueille-le dans ton cœur, même si lui ne t'aime pas, ne t'aide pas et te témoigne du mépris en refusant de te saluer. Toi, aime-le ! Toi, aide-le avec désintéressement et salue-le, ne serait-ce qu'en pensée, s'il ne souhaite pas que tu le salues en paroles. Même transmis en pensée, un salut du cœur pénètre son âme et produit de bons fruits au bon moment.

Ainsi, comportez-vous comme le soleil qui donne sans se soucier de savoir si les gens veulent le voir ou non, s'ils désirent la pluie ou la tempête, s'ils aspirent au froid ou à la chaleur.

Donnez l'amour désintéressé, comme le soleil donne à la Terre, et respectez tout le monde, toutes les formes de vie. Vous en recevrez la récompense dans les Cieux. Ne flattez pas vos prochains. Ne faites pas de différence comme le font les personnes qui ne fréquentent et n'approuvent que ceux qui partagent leur manière de penser et leur comportement et qui condamnent ceux qui pensent et agissent différemment.

Si tu veux ardemment quelque chose qui est pour toi aussi précieux que ta vie mais que cela t'éloigne de la vérité, alors détourne-t'en, car il vaut mieux entrer dans la Vie et posséder la vérité plutôt que de la perdre et d'être poussé dans les ténèbres du monde extérieur. (Chap. 25, 16)

Le Christ explique, rectifie et approfondit la parole :

Tout ce qu'une personne veut ardemment pour elle personnellement est de nature humaine, en rapport avec son moi inférieur. Tout cela constitue des liens. C'est être lié à des personnes et à des choses. Celui qui se lie à des personnes et des choses, c'est-à-dire qui est lié à quelque chose, amoindrit le flux des énergies cosmiques.

Si tu lies une personne à toi uniquement pour en retirer des avantages, alors tu poursuis avec ta volonté propre des intérêts qui t'éloignent de la vie en Moi, le Christ. Tu te détournes ainsi d'une vie désintéressée et impersonnelle, tu t'empêtres dans la volonté de posséder, d'être et d'avoir, et tu t'appauvris intérieurement, ta vie spirituelle diminue. Si tu ne renonces pas à temps à la volonté de posséder, d'être et d'avoir, un jour tu perdras tout.

Si tu ne te regardes pas dans le miroir des effets qui te touchent – par exemple, la perte de biens, la maladie, la misère ou la souffrance – et que tu ne suis pas le chemin du repentir et de la réparation de tes fautes, tu chemineras dans les ténèbres en tant qu'âme ou en tant qu'être humain, parce que tu n'auras pensé qu'à toi-même, à ton propre bien-être.

C'est pourquoi, utilise chaque journée pour reconnaître ta nature humaine et mettre en pratique les Lois de Dieu ; et renonce à vouloir quelque chose uniquement pour ton moi humain. Reste fidèle à la vérité – et ainsi aux Lois de Dieu. Tu entreras alors dans la Vie qui est ton existence véritable ; et tu seras riche intérieurement parce que tu auras ouvert les Cieux en toi.

La vérité, qui est impersonnelle, ne peut pas se déverser en celui qui ne s'est pas transformé en réceptacle de la vérité. Une telle personne ne pense qu'à elle et n'amasse que pour elle-même. Par ce comportement elle se détourne de la force de Dieu qui s'écoule éternellement et elle mène pour ainsi dire une vie « marécageuse ». Seules des énergies négatives se déversent dans le maré-cage et peu d'énergies s'en écoulent. Cela signifie qu'une telle personne sera confrontée aux effets de ce qu'elle a accumulé dans son marécage.

Par contre, la vérité éternelle peut s'écouler dans et à travers celui qui est devenu un récep-tacle de la vérité. Il reçoit de Dieu et donne à partir de Dieu. Il devient ainsi une source de Vie pour beaucoup de personnes. L'énergie de vie cosmique, la source de toute existence, s'écoule dans toutes les formes de vie ainsi que dans les personnes et les âmes qui se sont tournées vers Dieu, autrement dit qui sont devenues des récep-tacles de Dieu.

Prenez conscience que la force qui s'écoule éternellement n'afflue qu'à travers les personnes et les âmes qui n'accumulent pas de façon égoïste mais donnent avec désintéressement. Le Courant de Dieu ne s'écoule incessamment qu'à travers ce-lui qui donne de façon désintéressée ! Si Dieu peut s'écouler sans entrave à travers une personne, c'est qu'elle vit dans la vérité, en Dieu, la Vie qui est éternelle. Seules de telles personnes donnent à partir de Moi, la Vie, parce qu'elles sont ancrées en Moi qui suis la Vie et la Vérité.

Deviens parfait comme
ton Père dans les Cieux

Et si tu veux ardemment quelque chose qui pourrait faire de la peine et du souci à tes prochains, arrache-le de ton cœur. C'est seulement ainsi que tu atteindras la paix. Car il vaut mieux que vous souffriez vous-mêmes de chagrin que d'en faire à ceux qui sont plus faibles que vous.

Soyez donc parfaits, comme votre Père au Ciel est parfait. (Chap. 25, 17-18)

Le Christ explique, rectifie et
approfondit la parole :

Tout ce qui émane de toi et n'est pas divin – comme par exemple des pensées, des paroles et des actes négatifs – n'est pas seulement une source de peine et de difficultés pour ton prochain, mais aussi pour toi-même, car ce que l'homme sème, il le récoltera.

La récolte correspond toujours aux semailles. Elle est récoltée par celui qui l'a semée et non par quelqu'un d'autre. Ton prochain n'a pas semé tes graines, il ne récoltera donc pas ta récolte.

Mais tes graines peuvent éventuellement être volantes, comme celles de certaines fleurs dont les graines sont emportées par le vent après leur floraison et qui prennent racine là où elles peuvent s'accrocher. Ainsi, tes pensées, tes paroles et tes actes, comme des graines volantes, peuvent tomber dans le champ de l'âme de ton prochain et y pousser si elles y trouvent des conditions semblables aux tiennes.

Si ton prochain s'énerve en raison de tes paroles ou de tes actes, qu'ainsi tu lui crées des soucis et, qu'incité par ces graines volantes que tu as disséminées, il se met à penser, parler et agir comme toi ou de façon semblable, c'est qu'il porte en lui des aspects similaires. Toutefois, dans la mesure où c'est toi qui es à l'origine de ses réactions, tu peux avoir à en répondre devant la loi des semailles et des récoltes. Il t'est commandé d'aimer ton prochain avec désintéressement, de le servir, de l'aider, et non de l'accabler de difficultés et de soucis par ton comportement.

Si ton prochain se charge parce que, de façon illégitime, tu es entré dans le champ de son âme et y as mis en mouvement des causes dont il aura à souffrir plus tard et dont il devra porter le fardeau, tu es alors lié à lui. Et si lui, de son côté, réagit également d'une façon illégitime à ton comportement, il est lui aussi lié à toi. Dans cette existence ou dans une autre, il vous faudra mettre cela en ordre.

Prenez conscience qu'une insignifiante petite graine du moi humain peut engendrer une grande cause portant déjà en elle ses effets.

Aussi, comprenez que chaque cause doit être mise en ordre !

Si tu émets contre ton prochain des pensées, des paroles et des actes négatifs qui sont comme des graines volantes, et qu'il en prend connaissance sans réagir à ton comportement malveillant parce qu'il ne porte pas d'aspects correspondants dans le champ de son âme, alors tu es le seul à te charger et tu seras lié à lui mais lui ne sera pas lié à toi. Il peut donc entrer dans les Cieux parce que son monde de pensées et de paroles étant différent du tien, il n'a pas donné prise à tes graines négatives. Par contre, si par ton attitude négative, tu déclenches en lui des causes qui n'auraient jamais dû apporter leurs effets, dans la mesure où il aurait pu, plus tard, les mettre en ordre sans difficulté, alors c'est toi qui portes la plus grande part de faute et tu devras assumer cette part dont tu es responsable envers ton prochain.

C'est pourquoi, quand la peine et les difficultés t'accablent, n'accuse pas les autres d'en être responsables. C'est toi qui en es l'auteur et non eux. Elles résultent de ce que tu as semé dans ton âme et qui se manifeste maintenant comme récolte dans ton corps et dans ta vie.

Moi, le Christ, ton Rédempteur, Je suis le seul qui puisse t'en libérer, mais seulement si tu t'en repens et ne répètes pas la même chose ou quelque chose de semblable. La charge sera alors ôtée de ton âme et tu iras mieux.

Voyez, celui qui reconnaît que sa peine et ses difficultés sont ses propres semailles et qui accepte sa souffrance fait preuve de vraie grandeur intérieure. C'est un signe de croissance spirituelle. La croissance spirituelle conduit progressivement à la perfection.

L'être spirituel pur est parfait ; il est à l'image du Dieu Père-Mère. Il vit en Dieu et Dieu vit à travers lui, l'être pur.

Bienheureux ceux qui ont le cœur pur ; ils contempleront Dieu parce qu'ils sont redevenus à l'image du Père céleste. Douceur et humilité s'écoulent d'un cœur pur qui s'en remet entièrement à Dieu.

eille à ne pas faire la charité devant les gens pour en être vu. Sinon tu ne seras pas récompensé par ton Père céleste. Si tu fais la charité, ne le crie pas sur les toits comme le font les hypocrites dans les lieux de culte et dans les rues pour être bien vus des gens. En vérité, Je vous le dis, ils ont déjà reçu leur récompense.

Si tu fais la charité, ne laisse pas ta main gauche savoir ce que fait ta main droite, afin que ton don reste caché. Et Celui qui voit ce qui est caché te montrera Sa reconnaissance aux yeux de tous. (Chap. 26, 1-2)

Le Christ explique, rectifie et
approfondit la parole :

Le Sermon sur la Montagne vécu est le Chemin Intérieur menant au cœur de Dieu. Ce qu'une personne ne fait pas avec désintéressement, elle ne le fait que pour elle-même. Le désintéressement, c'est l'amour divin. L'égoïsme, c'est l'amour humain. Celui qui ne fait le bien envers son prochain que si ce dernier le remercie et le loue pour ses bonnes actions, ne le fait pas pour son prochain mais pour lui-même. Les remerciements et les louanges sont alors sa récompense. Ainsi, il a déjà reçu sa récompense et n'en recevra pas d'autres de Dieu. Seul le désintéressement est récompensé par Dieu. Le désintéressement ne grandit et ne mûrit que chez celui qui a fait les premiers pas vers le Royaume intérieur, c'est-à-dire qui a commencé à mettre en pratique les Lois de Dieu.

Les premiers pas dans cette direction sont le contrôle des pensées : Remplace les pensées égocentriques, négatives, sombres ou véhémentes par des pensées positives, secourables, joyeuses et nobles ainsi que des pensées orientées sur ce qui est bon en chacun et en tout ce qui vient à toi. Ainsi, peu à peu, tu parviendras à contrôler tes sens. Tu ne voudras plus rien de ton prochain et ne seras plus en situation d'attente envers lui. Au cours de la suite du Chemin Intérieur, tu n'exprimeras plus que ce qui est positif et essentiel. Grâce à cela, tu contrôleras ton moi humain, car tu auras appris à reposer en toi-même. Ton âme s'éclaircira de plus en plus, tu trouveras le positif en tout ce qui vient à toi, et tu seras également capable d'en parler de façon juste. Si tu as appris cela, il te sera possible de rendre ton prochain attentif à ce qui est négatif de manière légitime, c'est-à-dire dans le respect des Lois divines. De cette façon, la sincérité et l'honnêteté s'éveillent en toi et tu restes fidèle à Dieu en toute situation.

Ce processus d'évolution spirituelle qui mène au désintéressement est le Chemin Intérieur menant au cœur de Dieu. Tout ce que tu fais avec désintéressement t'apportera de nombreux fruits.

Si tes sensations sont dépourvues d'attentes et tes pensées nobles et bonnes, la force issue de Dieu sera présente dans tes paroles et dans tes actes. Cette force est Mon énergie vitale. Elle entre dans l'âme de ton prochain et contribue à le rendre à son tour désintéressé. Car ce qui émane de ton âme lumineuse pénètre tôt ou tard dans l'âme et le cœur de ton prochain, au moment où il s'y ouvre.

Celui qui donne avec désintéressement ne se préoccupe pas de savoir si son prochain en a pris connaissance. Celui qui est désintéressé donne ! Il sait que Dieu, le Père éternel, voit dans le cœur de tous Ses enfants et que le moment venu, l'Eternel, dont l'Esprit habite en chacun, récompense celui qui est désintéressé. Seul le désintéressement importe.

Prenez conscience que toutes les bonnes œuvres, c'est-à-dire les œuvres désintéressées, se manifesteront en temps opportun pour que ceux qui doivent en prendre connaissance puissent les voir afin de devenir à leur tour désintéressés en acceptant eux aussi la Vie en Moi, en y aspirant et en faisant ce que Je leur ai commandé : s'aimer les uns les autres avec désintéressement, comme Moi, le Christ, Je les aime.

Apprends à prier de la bonne manière

Et quand tu pries, ne sois pas comme les hypocrites qui prient de préférence dans les lieux de cultes et aux coins des rues pour être vus des gens. En vérité, Je vous le dis, ils ont déjà reçu leur récompense.

Quand tu pries, retire-toi dans ta chambre et après en avoir fermé la porte, prie ton Père céleste qui n'est pas visible. Et l'Un invisible qui voit dans l'invisible te montrera Sa reconnaissance aux yeux de tous. (Chap. 26, 3-4)

Le Christ explique, rectifie et
approfondit la parole :

Lorsque tu pries, retire-toi dans une pièce silencieuse et immerge-toi au plus profond de toi-même, car l'Esprit du Père, dont tu es le temple, habite en toi.

Si tu ne pries que pour être vu des autres et leur faire croire que tu es pieux et croyant, Je te dis ceci : Ce n'est pas de la piété mais de la bigoterie, de l'hypocrisie. De telles prières sont sans force. Celui qui ne prie que du bout des lèvres ou pour être vu des autres, commet un péché contre l'Esprit Saint car il détourne des paroles saintes à son profit.

Prends conscience que si tu t'adresses à Dieu dans la prière sans réaliser l'objet de celle-ci dans ta vie, si donc tes prières ne sont que le reflet de ton moi humain, si elles ne viennent pas de la profondeur de ton âme et ne sont pas animées par l'amour pour Dieu, tu commets un péché contre l'Esprit Saint. C'est le plus grand des péchés.

Si tes prières ne s'écoulent pas de ton cœur avec désintéressement, il serait mieux, plutôt que de prier, de prendre tout d'abord conscience de tes pensées et désirs humains afin de Me les remettre progressivement. De la sorte, l'amour désintéressé qui est en toi se développe et tu parviens aussi à prier avec le cœur. Tes prières sont alors plus vivantes et imprégnées de l'amour pour Dieu et pour ton prochain.

« ... *et l'Un invisible qui voit dans l'invisible te montrera Sa reconnaissance aux yeux de tous* » signifie : Un jour ou l'autre, tes pensées lumineuses et tes prières emplies de force, qui sont animées de l'amour pour Dieu, porteront leurs fruits dans ce monde. Tu reconnaîtras en eux les graines de ton amour et beaucoup te reconnaîtront toi aussi comme une source d'amour.

Quand vous priez ensemble, ne répétez pas sans cesse les mêmes mots creux comme le font les païens qui croient être entendus s'ils emploient beaucoup de mots. C'est pourquoi, ne faites pas la même chose qu'eux, car votre Père céleste sait ce dont vous avez besoin, avant même que vous ne le prononciez ... (Chap. 26, 5)

Le Christ explique, rectifie et
approfondit la parole :

Seul celui qui a peu mis en pratique la Loi de la vérité utilise beaucoup de mots pour prier et pour s'exprimer dans la vie quotidienne. Il répète constamment les mêmes paroles creuses et sans vie.

Celui qui parle beaucoup de la Loi de la vérité et de la Vie, c'est-à-dire qui fait de grands discours à ce sujet, ne peut pas emplir ses paroles de force et de Vie parce que lui-même n'est pas empli de la Loi de Dieu. Même si ces paroles sont choisies avec soin afin de donner l'impression d'être pleines d'amour, elles sont égocentriques et donc dénuées d'amour. Des paroles sans Vie ne parviennent pas au plus profond de l'âme de ton prochain et ainsi ne trouvent pas non plus d'écho en celui qui laisse l'amour de Dieu agir en lui et à travers lui. Celui qui parle de la Loi de la vérité et de la Vie sans la mettre lui-même en pratique ne fait que susciter de longues discussions avec celui qui l'écoute, si ce dernier est encore orienté sur l'extérieur.

Voyez, celui qui mène de longues discussions au sujet des Lois divines ne les connaît pas. En effet, celui qui cherche à polémiquer avec ses prochains est convaincu qu'il sait mieux que les autres ce qui est juste et veut s'en donner ainsi confirmation. Ce faisant, il ne fait pourtant que montrer qu'il ne sait rien et qu'il est peu sûr de lui ; et c'est pourquoi il polémique.

Par contre, celui qui a trouvé la vérité ne polémique pas sur la vérité, pas non plus sur ce qu'est la croyance. Le terme « croyance » contient aussi la notion d'ignorance : ce qu'une personne ne sait pas ou ne peut pas prouver, elle ne peut qu'y

croire. Celui qui croit en la vérité n'a pas encore
trouvé la vérité éternelle. Il n'évolue pas encore
dans le courant de la vérité éternelle. La croyance
est donc encore une forme de cécité.

Au contraire, celui qui a trouvé la vérité éternelle n'a plus besoin d'y croire, il la connaît car
il se meut lui-même dans le courant de la vérité.
Il est un sage véritable car il a découvert en lui le
trésor de la vérité. Les sages véritables reposent en
eux. C'est cela l'assurance et la stabilité intérieures
profondes. Ils ne discutent pas de la croyance,
parce qu'ils sont passés de la croyance à la sagesse
qui est vérité.

Celui qui se contente de croire en Dieu mais
ne connaît pas en profondeur la vérité éternelle,
la Loi éternelle, aura tendance à beaucoup parler
de sa foi.

De même, il fera de longues prières car celles-
ci ne seront pas animées par l'amour désintéressé. Il pense qu'en prononçant beaucoup de mots,
il peut convaincre Dieu ou même Le persuader.
Comme il imagine que Dieu pourrait mal inter-
préter ses prières, il croit qu'il doit se faire bien
comprendre de Lui.

Prenez conscience que plus une personne est immergée dans la vérité divine, moins elle a besoin de mots pour s'exprimer, également lors de ses prières. Ses prières sont courtes mais puissantes parce que ses paroles rayonnent la force vécue.

est pourquoi, priez ainsi quand vous êtes ensemble :

Notre Père, qui es aux Cieux, que Ton Nom soit sanctifié. Que Ton royaume vienne. Que Ta volonté soit faite sur la Terre comme au Ciel. Donne-nous chaque jour notre pain quotidien et le fruit de la vigne vivante. Et de même que Tu nous pardonnes nos péchés, puissions-nous les pardonner aux autres. Ne nous abandonne pas lorsque nous sommes dans la tentation. Délivre-nous du mal. Car le Royaume et la force et la magnificence t'appartiennent d'éternité en éternité. Amen. (Chap. 26, 5-6)

Le Christ explique, rectifie et
approfondit la parole :

La prière communautaire du Notre Père est dite avec des mots et des contenus différents parce que chaque communauté de personnes l'exprime selon le potentiel d'amour qui lui correspond.

Incarné en Jésus de Nazareth, J'ai enseigné la prière communautaire du Notre Père dans Ma langue maternelle, c'est-à-dire avec d'autres mots et donc aussi d'autres contenus que lorsqu'elle fut ensuite priée au cours des époques ultérieures et dans d'autres langues.

Les mots en tant que tels ne sont pas importants. Ce qui importe c'est de mettre en pratique ses prières ! Alors, chaque mot prononcé est animé par l'amour, la force et la sagesse.

Ne priez pas selon la lettre, ne cherchez pas à réciter mot pour mot le Notre Père que J'ai enseigné aux Miens. L'essentiel est que vous animiez d'amour pour l'Eternel et pour vos prochains les paroles de vos prières et que leur contenu corresponde à votre vie.

Les personnes emplies de la vérité éternelle, de l'amour et de la sagesse de Dieu prient différemment de celles qui ne le font que parce qu'on leur a appris à le faire ou parce qu'elles appartiennent à une confession au sein de laquelle les prières sont récitées selon la conscience de la confession elle-même.

Ceux qui se trouvent en chemin vers leur origine divine prient librement, c'est-à-dire avec leurs propres mots qui sont emplis d'amour et de force.

Les personnes qui vivent dans Mon Esprit, qui sont emplies par la sagesse et l'amour de Dieu, donc qui mettent en pratique Ses Lois dans leur vie quotidienne, remercient avant tout Dieu pour leur vie et pour toute chose. Elles Le louent, Le glorifient et Lui vouent de plus en plus leur vie, en sensations, pensées, paroles et actes parce qu'elles sont devenues Vie issue de Sa Vie.

Les hommes et les femmes dans l'Esprit du Seigneur vivent leurs prières. Cela signifie qu'ils accomplissent toujours plus les Lois de l'Eternel et sont eux-mêmes devenus prière, c'est-à-dire qu'ils adorent Dieu de tout leur cœur.

En effet, une personne qui accomplit la volonté de Dieu adore Dieu de plus en plus. Elle ne se contente pas de respecter Ses Lois, elle est en majeure partie devenue elle-même la Loi de l'amour et de la sagesse.

Les personnes vivant dans le Royaume de paix de Jésus-Christ en développement, dont Je suis le souverain et la Vie, accompliront de plus en plus la Loi de Dieu. Beaucoup d'entre elles seront elles-mêmes devenues la Loi, c'est-à-dire des êtres humains divins incarnant la Vie, Dieu, en tout ce qu'ils pensent, disent et font. Leur prière sera de vivre en Moi, d'accomplir la Loi éternelle. C'est à travers leur vie qui sera devenue la Loi de Dieu qu'ils Le remercieront pour la Vie.

Remercier Dieu, c'est donc vivre en Lui. Leur vie qui ne sera que remerciement s'écoulera dans le Royaume de paix.

Ils prieront conformément au sens des paroles suivantes, qu'ils accompliront dans leur vie quotidienne :

Notre Père, Ton Esprit est en nous,
et nous sommes dans Ton Esprit.
Ton Nom éternel est sanctifié en nous
et par nous.
Tu es l'Esprit de la Vie,
Tu es notre Père originel.
C'est de Toi que viennent nos noms éternels.
C'est Toi, Eternel, qui nous les as donnés,
et tu as déposé en eux
toute la plénitude de l'infini.

Les noms que Tu nous as insufflés,
sont l'amour et la sagesse,
la plénitude issue de Toi,
la Loi en nous et à travers nous.
Notre Royaume éternel est l'Infini,
la force et la magnificence
qui sont de Toi et qui viennent de Toi.
Nous sommes les héritiers du Royaume éternel.
C'est pourquoi nous sommes
le Royaume lui-même,
la patrie éternelle.
Elle est en nous et agit à travers nous.
Ta volonté magnifique et infinie est en nous
et agit à travers nous.
La force de Ta volonté est notre force de volonté.
Elle œuvre en nous et à travers nous
car nous sommes Esprit issu de Ton Esprit.
Les Cieux ne sont ni espace ni temps,
les Cieux et la Terre font un
parce que nous sommes unis en Toi.
L'amour et la force en nous et à travers nous
sont notre pain quotidien.
Toi, ô Père éternel et merveilleux,
Tu as fait naître en nous
tout ce qui vibre dans l'Infini.

Tu crées à travers nous dans les Cieux
et sur la Terre.
Nous sommes en Toi, et Tu agis en nous
et à travers nous.
Nous sommes comblés dans Ton Esprit,
parce que nous sommes Esprit
issu de Ton Esprit.
Nous sommes riches en Toi
parce que nous vivons notre héritage,
l'Infini venant de Toi.
Notre héritage éternel,
Esprit issu de Ton Esprit,
génère tout ce dont nous avons besoin en tant
qu'êtres humains dans le Royaume de paix.
Nous vivons en Toi et à partir de Toi.
La Vie afflue et s'offre.
Nous vivons dans la plénitude de Dieu parce que
nous sommes nous-mêmes la plénitude.
La Terre est le Ciel, et le Royaume de paix
est la richesse de la Terre,
la richesse dans laquelle nous vivons et sommes,
Esprit issu de Ton Esprit.
Nous vivons dans le Royaume intérieur,
et sommes cependant des êtres humains qui
incarnent à l'extérieur ce qui rayonne en eux.

Le Nom du Seigneur est loué,
Il est la Vie en nous
et à travers nous.
Le Nom de Dieu est la Loi vécue,
la Loi de l'amour et de la liberté.
Le péché a été transformé,
la lumière est venue.
Nous vivons à partir de Sa lumière,
dans et à partir de Son Esprit,
car nous sommes Esprit issu de Son Esprit.
En Dieu tout est acquitté.
Son Nom a tout purifié.
Que la magnificence de Dieu soit louée !
La volonté, l'amour et la sagesse de Dieu
imprègnent la Terre et la nature.
Nous sommes nous-mêmes
la Terre et la nature –
volonté, amour et sagesse.
En nous est la bonté de Dieu, ce qui est bon et
qui vient de Dieu.
Nous sommes en Dieu et œuvrons
à partir de Dieu.
La Terre appartient alors au Seigneur,
elle est le Royaume de l'amour
qui agit en nous et à travers nous.

La Vie, la magnificence du Père,
œuvre en nous et à travers nous,
d'éternité en éternité.

Cette louange exprime en substance la vie de ceux qui vivront dans le Royaume de paix de Jésus-Christ. Ils vivront en Moi, le Christ, et Je vivrai à travers eux ; ensemble nous vivrons dans le Dieu Père-Mère, et le Père vivra à travers nous d'éternité en éternité.

Trouve le positif dans le négatif

Car si vous pardonnez leurs péchés à vos prochains, votre Père céleste vous pardonnera aussi. Mais si vous ne leur pardonnez pas leurs péchés, votre Père céleste ne vous pardonnera pas non plus les vôtres.

Aussi quand vous jeûnez, n'ayez pas l'air meurtri comme les hypocrites. Car ils prennent la mine de ceux qui jeûnent. En vérité, Je vous le dis, ils ont déjà reçu leur récompense.

Et Je vous le dis, vous ne trouverez jamais le Royaume des Cieux si vous ne vous distanciez pas du monde et de sa cruauté. Vous ne verrez jamais le Père céleste si vous ne respectez pas le sabbat et continuez à amasser avidement des richesses.

Mais si tu jeûnes, coiffe-toi et lave ton visage proprement pour ne pas te mettre en valeur devant les gens en jeûnant. Et l'Un saint qui voit ce qui est caché te montrera Sa reconnaissance aux yeux de tous. (Chap. 26, 7-9)

Le Christ explique, rectifie et
approfondit la parole :

Le commandement de pardonner et de demander pardon demeurera valable jusqu'à ce que tout ce qui ne correspond pas aux Lois éternelles soit expié et mis en ordre. Ce commandement fait partie de la loi des semailles et des récoltes. Il cessera d'être valable lorsque tout ce qui est de nature humaine sera acquitté et que toutes les âmes seront redevenues des êtres spirituels purs, immaculés.

Jusque-là, le commandement « Pardonnez, et vous serez pardonnés » restera valable. Si vous demandez pardon à votre prochain et qu'il vous pardonne, votre Père au Ciel vous a aussi pardonnés. Mais si vous demandez pardon et que votre prochain ne vous pardonne pas parce qu'il n'y est pas encore prêt, votre Père éternel ne pourra pas non plus vous pardonner. Celui qui a péché contre son prochain doit en obtenir le pardon. Ce n'est qu'alors que Dieu efface le péché.

L'éternel Juste aime tous Ses enfants, même ceux qui n'ont pas encore la force de pardonner. S'Il pardonnait à celui ayant incité son prochain à pécher et ne pardonnait pas à celui qui a été entraîné dans le péché et ne peut encore pardonner – où serait alors la justice de Dieu ? Tous deux ne pourront entrer dans les Cieux que lorsque leurs péchés seront mis en ordre, effacés.

C'est pourquoi, faites attention à ce qui sort de votre bouche et veillez à ce que vos actes correspondent à la Loi éternelle, c'est-à-dire à ce qu'ils soient désintéressés ! En effet, il suffit d'un seul instant pour enfreindre la Loi divine en paroles ou en actes, mais le pardon, lui, peut se faire attendre très longtemps.

Si vous avez demandé pardon à votre prochain mais que celui-ci n'est pas encore prêt à vous pardonner, la grâce de Dieu augmentera en vous, elle vous entourera et vous portera, sans que Dieu toutefois ôte de vous ce qui n'est pas encore mis en ordre. La miséricorde de Dieu s'intensifiera également dans votre prochain afin de le conduire, dans le respect de son libre arbitre, à reconnaître plus rapidement ses fautes, à s'en repentir et à vous pardonner. C'est seulement lorsque tous ceux contre lesquels vous avez péché vous ont pardonné, donc que tout est mis en ordre, effacé, que vous pourrez entrer dans les Cieux parce que

Dieu aura alors transformé en force divine tout ce qui était de nature humaine en vous.

Dieu est omniprésent. C'est pourquoi Il agit aussi dans la loi des semailles et des récoltes. Dans tout ce qui est négatif se trouve aussi le positif, Dieu, la Loi éternelle. Lorsqu'une personne reconnaît ses fautes et péchés et s'en repent, les forces positives qui se trouvent en eux deviennent actives et la renforce dans sa décision de mettre en ordre avec la force du Christ les péchés dont elle a pris conscience.

Comprenez la Loi de Dieu : elle est vie éternelle, d'éternité en éternité. En résumé : tout est contenu en tout. Dans l'infiniment grand se trouve l'infiniment petit et dans l'infiniment petit, l'infiniment grand. Dans le péché se trouve la force de pardonner et dans la force libérée par le pardon se trouve l'ascension menant à la vie intérieure, à l'Existence éternelle.

C'est pourquoi le divin peut agir dans le négatif, ceci lorsqu'une personne demande pardon du fond du cœur, pardonne et ne pèche plus. Cependant, c'est à l'être humain de faire le premier pas en direction de la vie intérieure.

Prenez conscience que quoi que vous fassiez, que vous priiez, jeûniez ou fassiez la charité, si vous le faites non pas de façon désintéressée mais pour être reconnus par vos semblables, vous avez alors déjà reçu votre récompense de la part des hommes. Dieu ne vous récompensera pas. Et si vous jeûnez uniquement pour maigrir, vous ne ferez pas grandir en vous l'Esprit du Père. Par contre, une personne qui absorbe la nourriture au nom du Très-Haut et mange sans excès, qui jeûne de temps à autre pour détendre son corps et le purifier, afin que la force de Dieu puisse alimenter comme il le faut toutes les cellules et tous les organes de son corps, une telle personne s'efforce aussi sincèrement d'accepter et d'accueillir en elle la Vie qui provient de Dieu, afin de vivre en elle. En même temps, dans la prière, elle voue sa vie à Dieu, l'Eternel, afin de peu à peu devenir elle-même prière vécue.

Ne pleurez pas vos morts

Comportez-vous de même lorsque vous pleurez sur vos morts et êtes en deuil, car votre perte est leur gain. Ne faites pas comme ceux qui portent ostensiblement le deuil en pleurant et en déchirant leurs vêtements afin que les autres les voient. Car toutes les âmes sont dans la main de Dieu et tous ceux qui ont fait du bien reposeront avec leurs ancêtres dans le sein de l'Eternel.

Priez plutôt pour leur paix et leur évolution et soyez bien conscients qu'ils sont dans le pays de la paix que l'Eternel leur a préparé et qu'ils recevront le juste salaire de leurs actes ; et ne maugréez pas comme ceux qui sont sans espoir. (Chap. 26, 10-11)

Le Christ explique, rectifie et
approfondit la parole :

Celui qui pleure les morts est encore éloigné de la vie éternelle, parce qu'il considère la mort comme la fin de la vie. Il n'est pas encore parvenu à la résurrection en Moi, le Christ. Il compte parmi les morts spirituels.

Ne pleurez pas vos morts ! Celui qui déplore la perte d'une personne ne pense pas au gain que cela représente pour l'âme, qui – dans la mesure où elle a vécu en Moi, le Christ – entre dans des sphères de conscience supérieures de la Vie. En effet, si sa vie sur Terre était en Dieu, elle le sera également dans une autre forme d'existence.

Prenez conscience que l'existence temporelle dans un corps humain n'est pas la Vie de l'âme. L'âme n'est entrée dans la chair que pour une courte période, afin de mettre en ordre et de s'acquitter dans l'existence temporelle de ce dont elle s'est chargée lors de différentes incarnations. La Terre n'est qu'un lieu de passage où les âmes incarnées ont la possibilité de mettre en ordre leurs aspects pécheurs plus vite que dans l'au-delà, de l'autre côté des « voiles de la conscience », appelés aussi « murs de brouillard » .

Lorsqu'une âme quitte son habit terrestre, ses prochains ne pleurent que l'habit de l'âme sans penser à l'âme qui l'a quitté.

Lorsqu'une âme lumineuse quitte son corps terrestre, elle est accompagnée par des êtres lumineux – invisibles aux yeux des hommes – qui la conduisent dans les domaines de conscience correspondant à la pensée et à la vie de la personne dans laquelle elle était incarnée.

Voyez, une âme qui vient de quitter son corps terrestre est encore attirée un certain temps vers les personnes avec qui elle a vécu. Si elle constate que son ancienne parenté pleure son enveloppe terrestre, c'est très douloureux pour elle. Encore proche de la Terre, elle ressent parfaitement pourquoi ses proches ne pleurent que son enveloppe terrestre et pourquoi elle n'est pas reconnue en tant qu'âme. C'est la première profonde douleur qu'une âme éprouve après avoir quitté son corps ; car elle voit très bien pourquoi certains la pleurent au lieu de penser à elle dans l'amour et l'unité. Elle découvre les nombreuses pensées égoïstes de ceux qui lui furent proches sur la Terre. Elle ne peut pas se manifester à eux car ils ne la perçoivent pas. Personne n'entend ce qu'elle dit, personne ne voit ce qu'elle voit. L'âme, elle, perçoit beaucoup de choses.

Je vous invite à réfléchir à ceci : Vous lamentez-vous lorsqu'un serpent mue, se dépouille de sa peau avant de poursuivre son chemin ?

Cette image illustre ce qui survient à l'âme. A son décès en tant qu'être humain, elle quitte son enveloppe temporelle et poursuit son voyage. Vous pleurez donc la perte de l'enveloppe terrestre, sans penser à l'âme ! Celui qui pense à l'âme remercie Dieu d'avoir rappelé celle-ci en Son sein, dans la mesure bien sûr où elle a mis à profit sa vie pour se rapprocher de Lui. Sachez que pour une âme lumineuse, se défaire du corps physique est un gain.

Et si vous ne manifestez votre peine de la perte d'un proche qu'en présence d'autres personnes, vous leur jouez la comédie. Car en vérité, vous ne pensez ni à la personne qu'il était ni à son âme, mais uniquement à vous-mêmes. L'âme le perçoit et se rend compte qu'elle n'a pas été aimée avec désintéressement et qu'elle n'a peut-être vécu que pour satisfaire les intérêts égoïstes de ses prochains.

Beaucoup d'âmes sont amenées à voir de quelle façon leurs proches vécurent littéralement à travers elles, ce qui les empêcha de se développer en tant qu'êtres humains et de vivre selon les caractéristiques de leur propre être, parce qu'elles devaient se plier à la volonté de ceux qui exigeaient d'elles ce qui était dans leur propre intérêt. C'est en découvrant ce qu'elles ont omis de faire durant leur existence terrestre que beaucoup d'âmes décident de se réincarner. Elles retournent alors sur Terre en traversant les « voiles de la conscience » et se retrouvent à nouveau parmi ceux qui vécurent à travers elles. D'autres encore cherchent à vivre sur Terre ce qu'elles ne purent y réaliser précédemment en tant qu'êtres humains.

Tant qu'une personne reste liée à ses prochains ou à des choses, telles que la propriété, la richesse et le pouvoir, son âme revient sans cesse sur Terre dans un nouveau corps humain. Les causes et les motifs conduisant les âmes à se réincarner sont multiples. Par exemple, lorsqu'une âme se rend compte qu'elle est littéralement enchaînée à ses proches par des péchés, souvent elle se résigne et cède au souhait de reprendre un corps. Animée par ce désir, l'âme vit sur le plan de conscience correspondant à ce qu'elle porte en elle ; elle y reçoit des enseignements. On lui explique, entre autres, le pour et le contre d'une nouvelle incarnation. Elle se rendra à l'incarnation lorsque les astres où ses aspects positifs et négatifs sont enregistrés, c'est-à-dire aussi son futur chemin de vie terrestre, lui indiquent une voie d'accès à la matière, et lorsqu'un corps humain correspondant à son niveau de conscience est conçu sur Terre. C'est dans cette enveloppe humaine qu'elle s'introduira à la naissance.

L'homme qui a engendré le corps et la femme dans laquelle l'embryon a grandi ont attiré cette âme avec laquelle ils ont encore des choses à résoudre ou bien pour suivre avec elle le chemin du Seigneur par le service désintéressé envers leurs prochains.

Ne portez pas seulement attention à votre corps mais préoccupez-vous en premier lieu de l'être incarné en vous et efforcez-vous de faire la volonté de Dieu sans laisser d'autres personnes vous imposer leur volonté humaine.

Voyez, même si vous faites la volonté de votre prochain dans le but de préserver une paix extérieure, vous empêchez votre âme et aussi la sienne de se développer comme cela serait souhaitable pour chacune d'elles. Vous vous empêchez mutuellement de remplir les tâches que vos âmes ont apportées en venant sur Terre et qui consistent à se purifier et à se libérer du fardeau des péchés, éventuellement généré lors d'incarnations antérieures. Celui qui se laisse régenter par les autres, qui donc fait ce qu'ils lui disent, bien qu'il s'aperçoive que cela ne correspond pas à son propre chemin, est littéralement « vécu » par les autres et passe à côté de sa propre vie terrestre. Il ne met pas à profit ses journées ; il est utilisé par ceux à qui il s'est assujetti. C'est pourquoi il ne connaît pas le chemin qu'il devrait suivre sur Terre.

Une personne qui lie à elle ses semblables en leur imposant sa volonté est comparable à un vampire qui leur prend leur énergie. Elle ne se connaît pas elle-même et se lie à ses victimes, de même que celui qui se laisse prendre son énergie se lie à son prochain qu'il laisse faire. Dans une autre vie ou bien en tant qu'âmes dans les domaines de l'au-delà, ils seront conduits l'un vers l'autre, aussi souvent et aussi longtemps que cela sera nécessaire pour qu'ils se pardonnent mutuellement.

Quand deux personnes se lient l'une à l'autre, peu importe qui a lié l'autre et qui s'est laissé lier, elles se sont toutes deux chargées et doivent résoudre, dissoudre, entre elles ces liens, afin que l'amour et l'unité puissent être rétablis entre elles.

Personne ne peut dire : « J'ignorais les Lois de la Vie. » Je vous le dis : Moïse vous a donné les Dix Commandements qui sont des extraits des Lois éternelles. Et si vous les accomplissez, vous ne vous lierez pas les uns aux autres, au contraire vous vivrez en paix les uns avec les autres.

Prenez conscience que seuls l'amour et l'unité vécus les uns envers les autres montrent à l'âme et à la personne en qui elle est incarnée le chemin menant à une vie supérieure.

Dieu, qui est éternellement bon, tend la main à chaque âme et à chaque être humain. Celui qui la prend met à profit sa vie terrestre. Il est conscient de la valeur des journées et est en mesure de les vivre en appliquant les commandements, c'est-à-dire en mettant en ordre ce qu'elles lui montrent. Un jour, en tant qu'âme, il cheminera et reposera en Dieu avec tous ceux qui ont également utilisé leur vie terrestre à bon escient, c'est-à-dire qui ont reconnu et surmonté jour après jour avec Moi, le Christ, ce que la journée leur avait apporté et montré, que ce soit des joies ou des peines.

Si vous ne pleurez pas sur vous-mêmes lorsque l'un de vos proches quitte l'enveloppe terrestre et qu'au contraire vous vous réjouissez en Esprit que son âme, lorsqu'elle était encore en habit terrestre, a pris conscience de sa vie spirituelle et s'y est préparée, alors vous prierez avec joie pour votre prochain, en vous tournant vers le Père, à travers Moi, le Christ. Vous rayonnerez des forces d'amour en direction de l'âme qui s'est rapprochée de Dieu, afin qu'elle continue à cheminer vers des domaines plus élevés et qu'elle s'unisse de plus en plus à Lui.

Une âme ressent les joies et les peines de ses proches. Les âmes ayant quitté l'habit terrestre en Moi, le Christ, se sentent unies par Moi, le Christ, à toutes celles qui sont encore incarnées sur la Terre. La joie qu'éprouve une âme en constatant que ses proches pensent à elle avec amour la remplit de force.

Voyez, des prières d'amour désintéressées procurent à une âme force et vigueur sur son chemin vers le divin. Elle ressent l'unité contenue dans ces prières et en reçoit un surcroît de forces. Elle peut alors se défaire plus rapidement des aspects humains qui sont encore en elle et ainsi devenir libre pour Celui qui est la liberté et l'amour, Dieu, la Vie. La récompense de Dieu est grande pour toute âme s'efforçant sérieusement d'accomplir Sa volonté.

Prenez conscience que seul est sans espoir celui qui ne fait que parler de sa foi sans vivre ce qu'il semble croire. En définitive, quelqu'un qui doute ne croit pas à ce qu'il prétend croire. C'est ce qui conduit au désespoir.

Là où est ton trésor, là est aussi ton cœur

N'accumulez pas de trésors pour vous-mêmes sur la Terre, pâtures des mites et de la rouille, et que les voleurs emportent avec eux. Accumulez plutôt des trésors dans les Cieux qui ne peuvent être rongés ni par les mites ni par la rouille et que les voleurs ne peuvent ni déterrer ni voler. Car là où est votre trésor, là est aussi votre cœur.

Les yeux sont les lampes du corps. C'est pourquoi, quand tu vois clairement, ton corps est plein de lumière. Mais si tu n'as pas d'yeux ou qu'ils sont troublés, tout ton corps sera dans l'obscurité. Si la lumière qui est en toi est l'obscurité, que l'obscurité sera grande !

Personne ne peut servir deux maîtres. Soit il haïra l'un et aimera l'autre, soit il sera fidèle à l'un et méprisera l'autre. Vous ne pouvez pas servir en même temps Dieu et Mammon. (Chap. 26, 12-14)

Le Christ explique, rectifie et
approfondit la parole :

Seul celui qui ne croit pas en Dieu, à Son amour, à Sa sagesse et Sa bonté amasse des trésors sur la Terre. Beaucoup de gens prétendent croire en Dieu, mais c'est à leurs œuvres que vous les reconnaîtrez ! Beaucoup parlent de l'amour et des œuvres de Dieu, mais c'est uniquement à leur comportement que vous les reconnaîtrez.

De nombreuses personnes parlent du Royaume intérieur et de la richesse intérieure, mais ne font que remplir leurs propres granges et amasser pour elles-mêmes des richesses terrestres afin d'être bien considérées.

Le riche qui ne se préoccupe que de son propre bien-être ne se doute pas que l'oiseau de proie a déjà pris son envol pour détruire le nid qu'il a construit et prendre ses biens qu'il nomme « sa » propriété.

En revanche, celui qui cherche d'abord le Royaume de Dieu développe des valeurs intérieures, il accumule des trésors intérieurs. Il recevra également tout ce dont il a besoin dans le monde temporel, et davantage encore.

Une personne qui est riche intérieurement ne vivra pas dans le besoin sur le plan matériel. Par contre, celui qui est riche extérieurement et qui amasse ces richesses sera un jour dans le besoin. Celui qui accumule des trésors sur la Terre en sera un jour privé afin qu'il se tourne vers le trésor intérieur et puisse ainsi trouver le chemin menant à la Vie, à la richesse intérieure.

Tant qu'une âme ne cherche pas en premier lieu le Royaume de Dieu, elle manquera de lumière divine. Et tant que cela est encore possible, une âme qui manque de lumière s'incarnera sans cesse sur Terre dans un corps pauvre en lumière et vivra éventuellement dans la pauvreté, parmi les pauvres. Un jour, elle finira par comprendre qu'il n'y a de trésor et de richesse véritables qu'en Dieu. Celui dont le cœur est auprès de Dieu sera riche en valeurs intérieures et il entrera dans le Royaume de la paix.

Moi, le Christ, Je vous donne un critère pour savoir si vous êtes dans la lumière ou dans l'ombre : « Là où est votre trésor, là est aussi votre cœur » et c'est là aussi que votre âme sera un jour.

Tenez compte de ceci : Que celui qui lit ces paroles et vit dans cette époque charnière entre l'ancienne et la nouvelle ère se dépêche de trouver sa vie spirituelle ! En effet, lorsque la Nouvelle Ere, l'Ere du Christ, se manifestera sur la Terre entière et que la Vie Intérieure sera vécue, ceux qui aspirent aux valeurs extérieures ne pourront plus s'y incarner. Cela vaut également pour les riches de ce monde qui ne pourront plus expier en tant que pauvres parmi les pauvres ce qu'ils omirent de faire lorsqu'ils étaient riches.

Lorsque le Royaume de paix de Jésus-Christ aura franchi d'autres étapes d'évolution, il n'y aura plus ni pauvres ni riches. Tous les êtres humains seront alors riches dans Mon Esprit parce qu'ils auront pleinement développé le Royaume intérieur en eux. Ils vivront en conséquence sur la nouvelle Terre et sous un nouveau ciel.

C'est pourquoi, soyez prêts à servir Dieu et vos prochains par amour pour Dieu.

Prenez conscience que personne ne peut servir deux maîtres, Dieu et Mammon. Seul l'amour désintéressé est en mesure d'unir tous les hommes et tous les peuples. Sur la Terre en tant qu'être humain ou dans les plans de purification en tant qu'âme, chacun sera un jour conduit à prendre une décision : Servir Dieu ou Mammon, être pour Dieu ou contre Lui. Il n'y a rien entre les deux : soit pour Dieu, soit pour ce qui est satanique.

Cherchez d'abord le Royaume de Dieu

C'est pourquoi Je vous dis : Ne vous souciez pas de votre vie, de ce que vous mangerez et boirez. Ne vous souciez pas non plus de votre corps, de quoi vous vous vêtirez. La vie n'est-elle pas bien plus que la nourriture et le corps bien plus qu'un vêtement ? Que gagnerait une personne à posséder le monde entier si elle perdait sa vie ?

Regardez les oiseaux du ciel, ils ne sèment ni ne récoltent, ni n'engrangent quoi que ce soit, et votre Père céleste les nourrit quand même. N'êtes-vous pas bien plus protégés qu'eux ? Qui donc parmi vous pourrait ajouter une seule aune à sa taille, s'il le souhaite ? Pourquoi vous faites-vous tant de soucis pour vos vêtements ? Voyez les lys des champs comme ils poussent, ils ne travaillent ni ne tissent. Mais Je vous le dis, même Salomon dans toute sa splendeur et sa gloire n'était pas aussi bien vêtu qu'eux.

O vous qui êtes de peu de foi, pourquoi Dieu qui habille l'herbe des champs, cette herbe qui pousse *aujourd'hui et sera brûlée demain, ne vous habille-rait-Il pas bien plus encore ?*

C'est pourquoi, vous ne devriez pas vous faire du souci et vous demander comme le font les païens : Qu'allons-nous manger ? Qu'allons-nous boire ? De quoi allons-nous nous vêtir ? Car votre Père céleste sait que vous avez besoin de tout cela. Essayez d'abord de trouver le Royaume de Dieu et Sa justice et tout le reste vous sera donné. C'est pourquoi, ne vous souciez pas des peines de demain, à chaque jour suffit sa peine. (Chap. 26, 15-18)

Le Christ explique, rectifie et
approfondit la parole :

Celui qui se fait du souci pour sa vie, pour son bien-être, par exemple, qui se demande s'il aura à boire et à manger ou de quoi se vêtir demain, ne planifie pas de la bonne manière ; en effet, il ne pense qu'à lui-même, à son propre bien-être et à ses biens. Ce faisant, il planifie en même temps ses propres souffrances.

Par contre, celui qui accomplit la volonté de Dieu est un bon planificateur. Il planifie ses journées ainsi que son avenir, mais il sait que son plan n'est qu'un objectif reposant dans les mains de Dieu.

Il dépose sa planification dans les mains de Dieu, travaille avec les forces de Dieu et se laisse conduire par Lui dans sa vie quotidienne, car il sait que Dieu est l'Esprit omniscient et qu'Il est la richesse de son âme. Celui qui se confie à Dieu, qui place sa journée dans Sa lumière et qui accomplit la loi « Prie et travaille », en recevra la juste récompense. Il aura tout ce dont il a besoin.

Si Dieu, l'Eternel, pare la nature et habille les lys des champs, combien plus Il fera pour nourrir et habiller Son enfant qui accomplit Sa volonté ! Ne vous inquiétez pas du lendemain, mais planifiez et déposez votre plan dans la volonté de Dieu, et Dieu, qui connaît votre planification, accomplira ce qui est bon pour vous.

Je vous donne une image : Un bon architecte établit soigneusement les plans de la maison à construire en veillant à tous les détails. Quand ses plans sont terminés, il les contrôle une fois encore avant de les soumettre à l'appréciation du client. Si celui-ci les agrée, les ouvriers commencent à travailler selon ces plans. L'architecte et le client surveillent la réalisation et n'interviennent que si les plans ne sont pas respectés.

Vous devriez vous inspirer de cet exemple dans votre vie : planifiez chaque journée et planifiez-la bien ! Ménagez-vous également du temps pour des moments de recueillement où vous pourrez trouver le calme intérieur et réfléchir régulièrement à votre vie et à ce que vous avez planifié. Si un plan journalier minutieux est déposé dans les mains de Dieu, Dieu l'emplira aussi de Sa volonté. Celui qui agit ainsi n'a pas besoin de s'inquiéter du lendemain. Sa foi en la conduite de Dieu, ce sont ses propres pensées positives d'où découlent des paroles positives et un comportement légitime. Les pensées, paroles et actions positives sont les meilleurs instruments qui soient, car la volonté de Dieu agit en elles. Autrement dit, en chaque pensée positive, en chaque mot, geste ou action désintéressés agit la volonté de Dieu, Son Esprit. Dieu donnera au bon planificateur tout ce dont il a besoin, et davantage encore.

Seul celui qui ne se confie pas à Dieu et laisse passer les journées sans les mettre à profit se fait du souci pour le lendemain. Celui qui se laisse vivre et qui ensuite accuse ses prochains lorsqu'il connaît des échecs, qu'il est malade, qu'il a faim, qu'il ne peut pas acquérir les choses nécessaires à la vie quotidienne, est un mauvais planificateur. Il est anxieux et égoïste et attire ce qu'il ne veut justement pas et dont il a peur. Une personne qui ne planifie pas le déroulement des heures, des journées et des années avec l'aide de Dieu et qui ne se place pas elle-même ainsi que son plan dans la volonté de Dieu, ne peut pas être conduite par Lui. Seul celui qui confie sa journée à Dieu et accomplit consciencieusement le commandement « Prie et travaille » peut être conduit par Lui. Il est comblé par Dieu, empli d'amour, de sagesse et de force, ce qui signifie que son être, sa vie, est empli de confiance et de foi en Dieu.

Des personnes vivant dans l'Esprit de Dieu ne seront pas dans le besoin. Elles sont de bons planificateurs, leur foi est forte et elles travaillent avec les forces de l'Esprit. Celui qui a peur est inquiet pour lui-même, pour son petit moi. Il a peur de ce qui pourrait lui arriver demain, parce qu'il n'est pas encore suffisamment enraciné en Dieu et ne croit pas en Son amour et Sa sagesse. Sans s'en apercevoir, il ouvre ainsi sa grange aux voleurs. Il perdra ce qu'il a acquis et amassé pour lui-même.

Les êtres humains reçoivent nourriture, logement et vêtements des mains de Dieu. Celui qui dépose sa vie, sa pensée et son travail dans les mains de Dieu n'a pas à s'inquiéter du lendemain. Il disposera aujourd'hui, demain et à l'avenir de ce dont il a besoin, et davantage encore.

Celui qui vit dans le Royaume intérieur ne vivra donc pas dans le besoin. Par contre, une personne intérieurement pauvre vivra dans le besoin. Si elle mène aujourd'hui une vie orientée sur des valeurs extérieures, si elle multiplie et amasse des richesses terrestres à son seul profit, c'est qu'elle est pauvre intérieurement. Elle vivra dans le besoin dans une prochaine incarnation et sera donc pauvre.

Par conséquent, cherchez d'abord le Royaume de Dieu et Sa justice, Dieu vous donnera alors tout ce dont vous avez besoin et bien davantage. Regardez les oiseaux dans l'air, ils ne sèment ni ne récoltent et n'amassent rien dans des granges, pourtant notre Père céleste les nourrit. « *Voyez les lys des champs, comme ils poussent ; ils ne travaillent ni ne tissent.* » La nature dans sa diversité est encore mieux habillée que le plus riche d'entre les riches. Celui qui ne pense qu'à son bien-être et à remplir ses granges devra, soit dans cette vie terrestre, soit dans une prochaine incarnation – tant que cela est encore possible – gagner son pain à la sueur de son front.

La prière et le travail corrects consistent à travailler à la fois pour soi et pour le bien commun. Voyez, les lys des champs ainsi que toute la nature sont là pour tous les hommes et s'offrent à eux de multiples façons. Celui qui est en mesure de comprendre et d'apprécier ceci à sa juste valeur ne devra pas gagner son pain à la sueur de son front. Il vivra selon la loi « Prie et travaille », pour son bien et pour celui de son prochain.

Et lorsqu'il est écrit *« ils ne travaillent ni ne tissent »*, cela signifie que l'être humain ne devrait pas seulement penser à lui, travailler uniquement pour en tirer un profit personnel et se mettre en avant avec sa richesse.

Prenez conscience que toutes les formes d'existence se trouvent sous la protection de Dieu, que ce soient les animaux, les arbres, les plantes, les herbes ou les pierres. Elles font partie de la vie en évolution qui est guidée par Dieu, le Créateur éternel. Comme toute vie vient de Dieu, les animaux, les arbres, les plantes, les herbes et les pierres sont eux aussi doués de sensations. Ils ressentent en eux la force d'évolution du Créateur qui les vivifie et les conduit à continuer de se développer dans le cycle des éons divins. La force du Créateur, l'Existence éternelle, donne aux règnes de la nature ce dont ils ont besoin. Les dons de la Vie s'écoulent vers les formes de vie proportionnellement à leur développement spirituel.

Si le Père éternel pense à chaque brin d'herbe, combien plus encore pense-Il à Ses enfants qui ont déjà développé les niveaux d'évolution des règnes minéral, végétal et animal ! Les enfants de Dieu portent en eux le microcosme issu du macrocosme et sont ainsi en communication avec l'infini tout entier.

Combien pauvre est donc celui qui s'inquiète du lendemain ! N'étant pas capable de vivre dans l'aujourd'hui, dans le maintenant, c'est-à-dire en Dieu, il montre lui-même qu'il n'a pas surmonté le passé.

Ce qui est au plus profond de l'être humain, l'Existence pure, est essence de l'infini. Celui qui comprend cela se tourne vers l'intérieur et développe en lui les Lois de la Vie ; il devient ainsi capable de voir tout ce qui est extérieur à la lumière de la vérité.

Voyez, l'infini sert celui qui pense et vit de manière universelle, c'est-à-dire sans limitation. Les personnes vivant dans l'Esprit de l'amour ne sont pas centrées sur elles-mêmes, elles vivent dans la conscience universelle. Elles sont en communication constante avec les forces divines de toutes les formes d'existence. Ce qu'elles font, elles le réalisent à partir de l'intérieur, avec la force de l'amour. Elles planifient et agissent selon le commandement « Prie et travaille » et ne gaspillent pas leurs journées. Elles savent à quel point les journées, les heures et les minutes sont précieuses et elles mettent à profit le temps qui leur est donné.

Celui qui vit véritablement ne s'inquiète donc pas du lendemain ; il reçoit dès aujourd'hui ce qu'il possèdera demain. Car celui qui vit en Dieu ne sera pas dans le besoin, ni aujourd'hui ni demain. Par contre celui qui reste dans la peur et s'accroche à ses biens sera pauvre demain.

En revanche, celui qui se voit comme un être cosmique et qui accomplit sans réserve la volonté de Dieu reçoit force et sagesse. La vie d'une personne emplie d'amour et de sagesse est emplie de la force de Dieu. Elle ne manquera de rien. Par contre, celui qui s'inquiète du lendemain et voit l'avenir en noir attire les maux ; chacune de ses journées sera difficile.

Donc, ne pensez pas avec anxiété à demain ! Planifiez avec la force de Dieu et laissez l'Eternel agir à travers vous. Vos pensées sont alors des aimants positifs qui attirent ce qui est positif et constructif. En effet, les pensées, paroles et actes sont des aimants. Ils attirent des choses semblables ou similaires à leur nature.

Ne juge pas ton prochain

Ne jugez pas, pour ne pas être jugés vous-mêmes. Car vous serez jugés selon votre manière de juger et c'est avec la mesure que vous employez que vous serez mesurés. Et il vous sera fait ce que vous faites aux autres. (Chap. 27, 1)

Le Christ explique, rectifie et
approfondit la parole :

Vous avez lu que les pensées, paroles et actes sont comme des aimants. Celui qui juge son prochain et le condamne, en pensées ou en paroles, subira un jour lui-même quelque chose d'identique ou de similaire.

Prenez conscience que vos pensées, paroles et actes négatifs sont vos propres juges. Vous serez mesurés « *avec la mesure que vous employez* », aussi bien en pensées qu'en paroles ou en actes. Tout comme vous dévalorisez les autres pour vous mettre en valeur, vous serez aussi dévalorisés ; vous subirez ce que vous êtes vous-mêmes. Et si vous considérez que certains doivent se satisfaire de ce qu'ils ont et que d'autres ont droit à davantage, vous serez un jour dans la situation de celui à qui vous avez moins concédé ou posséderez même moins encore. En effet, la façon dont vous pensez, parlez et agissez envers vos prochains reviendra un jour vers vous comme un boomerang.

Commence par toi-même

ourquoi regardes-tu la paille qui est dans l'œil de ton frère et ne vois-tu pas la poutre qui est dans le tien ? Ou comment oses-tu dire à ton frère : Je veux enlever la paille qui est dans ton œil, alors qu'une poutre est dans le tien ? Hypocrite ! Retire d'abord la poutre de ton œil, ensuite seulement tu verras plus clair pour pouvoir retirer la paille de l'œil de ton frère. (Chap. 27, 2)

Le Christ explique, rectifie et
approfondit la parole :

Seul celui qui ne voit pas la poutre dans son œil parle continuellement de la paille dans celui de son prochain. Seul celui qui ignore qui il est et comment il pense cherche à ôter la paille de l'œil de son frère. Celui qui ne se connaît pas et ne discerne pas la poutre qui se trouve dans son propre œil, à savoir les péchés de son âme qui se reflètent dans ses propres yeux, ne voit pas la vérité. Sa vision est voilée par le péché. Il ne voit dans son prochain que ce qu'il est encore lui-même :

un pécheur. Seul celui qui s'efforce de travailler à la poutre dans son propre œil voit les choses toujours plus clairement. Il peut alors voir plus distinctement la paille dans l'œil de son frère et l'aider à l'ôter, dans le respect de la Loi de l'amour du prochain.

Celui qui parle négativement de son prochain, qui le dévalorise et le calomnie, témoigne de la sorte qu'il ne connaît pas ses propres fautes.

C'est à leurs fruits que vous les reconnaîtrez ! Chacun montre lui-même qui il est à ses propres fruits. Celui qui s'irrite contre ses prochains et les ridiculise témoigne de sa véritable nature.

Celui qui commence par se libérer de ses propres fautes est également capable d'aider son prochain. Par conséquent, celui qui parle avec mépris des fautes de son prochain – et ce faisant, ne remarque pas la poutre dans son propre œil – est un hypocrite.

Ne fais pas de prosélytisme

Ne donnez pas aux chiens ce qui est saint, ne jetez pas non plus vos perles aux cochons afin qu'ils ne les piétinent et ne se retournent contre vous pour vous déchiqueter. *(Chap. 27, 3)*

Le Christ explique, rectifie et
approfondit la parole :

Aller de lieu en lieu, de maison en maison, pour apporter les paroles de la Vérité en faisant du prosélytisme, en usant de paroles éloquentes dans le but de persuader et de convaincre tous ceux que vous rencontrez, ne correspond pas à la Loi éternelle du libre arbitre. Agir ainsi, c'est ne pas respecter le caractère sacré de la vérité et se comporter comme cela est décrit de façon imagée : « *Ne donnez pas aux chiens ce qui est saint, ne jetez pas non plus vos perles aux cochons.* » Vous ne devez donc pas imposer la Parole de Dieu à vos prochains. Celui qui pense que son prochain doit croire et accepter ce dont il croit être convaincu a en fait lui-même encore des doutes au sujet de sa propre foi.

Faire du prosélytisme, c'est vouloir convaincre. Celui qui veut convaincre n'est lui-même pas certain en son for intérieur de ce qu'il vante.

Soyez de bons exemples de votre foi et ne faites pas de prosélytisme. Vous pouvez proposer votre foi, mais laissez chacun libre d'y croire ou pas, de partager votre point de vue ou pas.

La liberté en Dieu est un aspect de la Loi éternelle. Si votre prochain vient librement vers vous pour vous interroger sur votre foi, c'est lui qui fait le premier pas ; celui qui est ancré dans la foi lui donnera alors une réponse.

Une personne qui est intérieurement reliée à son prochain par le divin ne cherchera pas à le convaincre et à le lier à sa foi, elle ne lui transmettra que ce qu'elle a elle-même compris et mis en pratique. Seul celui qui a peu d'amour désintéressé cherche à imposer sa foi aux autres.

C'est pourquoi, méfiez-vous des personnes trop zélées qui cherchent à tout prix à vous convaincre de leur foi. Proposez la vérité éternelle en paroles et écrits et vivez vous-mêmes en conséquence, alors ceux qui ont pris conscience de la Vie en eux viendront vers vous.

Demandez, et il vous sera donné. Cherchez, et vous trouverez. Frappez à la porte, et il vous sera ouvert. Car tous ceux qui demandent recevront et tous ceux qui cherchent trouveront, et il sera ouvert à ceux qui frappent à la porte. (Chap. 27, 4)

Le Christ explique, rectifie et
approfondit la parole :

Seul celui qui n'est pas encore entré dans le Royaume de l'amour au plus profond de lui-même cherche et frappe à la porte de la vie intérieure. Le Royaume de Dieu se trouve au plus profond de l'âme de chaque être humain.

Sur le sentier vers la vie intérieure, le chemin menant à la porte du salut, le premier pas consiste à solliciter l'aide et l'assistance de Dieu. Le deuxième pas est de chercher Son amour et Sa justice. C'est dans les commandements de la Vie, qui sont des indications qui le guident sur le chemin menant à l'intérieur de lui-même, que le pèlerin trouvera la Vie, l'amour et la justice de Dieu.

Le pas suivant consiste à frapper à la porte intérieure au plus profond de son cœur. Cette porte qui donne accès au cœur de Dieu ne s'ouvre qu'à celui qui a sincèrement prié, cherché et frappé à celle-ci. La porte intérieure ne s'ouvre pas à celui dont l'orientation est intellectuelle, qui n'aspire qu'à des valeurs et des idéaux extérieurs. Les sceptiques ne pourront pas non plus en franchir le seuil.

Celui qui demande, cherche et frappe à la porte doit donc le faire par amour pour Dieu et non pour mettre à l'épreuve Son amour.

Voyez, celui qui cherche seulement à mettre à l'épreuve l'amour de Dieu pour voir s'Il existe vraiment sera lui-même très vite mis à l'épreuve. La porte du cœur est grande ouverte à celui qui vit en Dieu. Il n'a plus à demander, il a déjà été exhaussé car Dieu connaît Ses enfants. Celui qui est retourné dans le cœur de Dieu a déjà reçu dans son âme. Cela signifie que la richesse de Dieu rayonne plus intensément dans son âme et à travers lui. Celui qui est retourné au plus profond de lui-même n'a plus besoin de chercher, il est chez lui dans le Royaume intérieur. Celui qui demeure consciemment en lui n'a plus besoin de frapper à la porte intérieure, il se trouve déjà en Dieu ; il vit en Dieu et Dieu vit à travers lui.

Seuls demandent, cherchent et frappent à la porte ceux qui se trouvent encore à l'extérieur et ignorent qu'au fond de leur âme ils portent ce qui les rend vraiment riches : l'amour et la sagesse de Dieu.

Donne ce que tu attends

Lequel d'entre vous donne une pierre à son enfant s'il lui demande du pain, ou un serpent s'il lui demande un poisson ? Si vous, qui êtes mauvais, pouvez quand même donner à vos enfants de bonnes choses, combien plus votre Père céleste en donnera-t-Il à ceux qui le Lui demandent.

Tout ce que vous voulez que les autres fassent pour vous, faites-le pour eux, et ce que vous ne voulez pas qu'ils vous fassent, ne le leur faites pas non plus. Car tels sont la Loi et les prophètes. *(Chap. 27, 5-6)*

Le Christ explique, rectifie et
approfondit la parole :

Prenez conscience que vous ne devriez pas exiger de vos semblables ce que vous-mêmes n'êtes pas prêts à donner.

Si vous attendez de votre prochain qu'il fasse quelque chose pour vous, demandez-vous pourquoi vous ne le faites pas vous-mêmes ? Attendre de son prochain de l'argent et des biens pour ne pas avoir à sortir de sa paresse et à travailler, ou attendre des autres de la fidélité sans être soi-même fidèle, ou encore vouloir être accepté de tout cœur par autrui sans soi-même accepter ni accueillir dans son cœur les autres, est égocentrique et témoigne de pauvreté spirituelle.

Tout ce que tu exiges des autres, tu ne le possèdes pas dans ton cœur.

Il est contraire à la Loi d'avoir une attitude d'attente qui force son prochain à agir, à s'exprimer ou à se comporter comme il ne serait pas prêt à le faire de lui-même.

Si tu as reconnu les attentes que tu as envers ton prochain, rebrousse rapidement chemin et accomplis toi-même ce que tu exiges de lui.

Toute contrainte est une pression qui génère à son tour contrainte et pression. En exerçant une pression de cette nature envers tes semblables, tu te lies à eux et tu fais de toi et de celui qui se laisse mettre sous pression un esclave de la nature inférieure. Des méthodes de coercition, telles que « J'attends quelque chose de toi, tu attends quelque chose de moi – que chacun donne à l'autre ce qu'il attend », conduisent à des liens.

Ce qui est lié n'a pas sa place dans les Cieux. Deux êtres liés l'un à l'autre se retrouveront un jour, soit dans les mondes de l'au-delà, soit lors d'une prochaine incarnation.

Cette forme de lien ne s'applique pas dans le cadre professionnel. En acceptant librement un travail, tu as en même temps accepté que le responsable de l'entreprise te fasse exécuter certaines tâches dans le cadre de ton activité. C'est librement que tu t'es joint à un domaine de travail et à son équipe afin de faire ce qui t'est demandé. Donc, lorsque tu choisis un emploi, il te faut ensuite également faire ce que l'on te demande et qui correspond au domaine de travail que tu as toi-même choisi. La phrase « *Ce que vous voulez que les autres fassent pour vous, faites-le pour eux...* » ne s'applique donc pas à l'emploi que vous avez vous-mêmes choisi.

« *Ce que vous ne voulez pas qu'ils vous fassent, ne le leur faites pas non plus* » signifie : Si vous ne voulez pas être ridiculisés et raillés, volés, trompés, privés de vos biens ou de votre libre arbitre, régentés, battus et insultés, ne le faites à personne. En effet, sachez que ce que vous faites au plus petit de vos frères, c'est à Moi que vous le faites ainsi qu'à vous-mêmes. Ce que vous ne voulez pas que l'on vous fasse, ne le faites à personne, car tout ce qui émane de vous reviendra vers vous. C'est pourquoi, examinez vos pensées et contrôlez votre langage !

Résiste à la tentation –
décide-toi pour Dieu !

ntrez par la porte étroite. Car étroits sont le sentier et la porte qui conduisent à la Vie, et peu nombreux ceux qui les trouvent. Mais grande est la porte et large le chemin qui conduisent à la perdition, et beaucoup les empruntent. (Chap. 27, 7)

Le Christ explique, rectifie et
approfondit la parole :

« ... étroits sont le sentier et la porte qui conduisent à la Vie » signifie : L'adversaire s'invite chez tous ceux qui s'efforcent de suivre le chemin étroit qui mène à la Vie. Il leur montre les trésors et les agréments de ce monde, comme il le fit avec Moi, lorsque J'étais incarné en Jésus de Nazareth. Chaque jour il faut résister à ce qui est satanique et lui opposer un refus. Celui qui n'est pas vigilant en devient l'esclave.

Voyez, tous ceux qui accomplissent les premiers pas en direction de la Vie se sentent tout d'abord comme dans un corset, limités, et cela, jusqu'à ce qu'ils se soient définitivement décidés, car il leur faut abandonner la façon humaine de penser et d'agir qui était la leur jusque-là.

Les premiers pas mènent à l'inconnu, ce sont la foi et la confiance. Avant qu'ils ne soient réalisés, le sentier qui mène à la Vie est étroit. Les premiers obstacles à franchir sur le chemin qui mène au cœur de Dieu sont les suivants : Change ta façon de penser et abandonne tes vieilles habitudes humaines ! Repens-toi, pardonne, demande pardon et ne pèche plus ! Cela signifie pour chacun de faire des efforts et de changer tout ce qui lui était habituel jusqu'à présent.

Pourtant celui qui persévère avec Ma force finira par quitter le sentier étroit pour atteindre la grande route de lumière dans le Royaume intérieur ; il la suivra avec d'autres pèlerins cheminant dans la lumière vers la porte menant à l'Absolu, à la Vie en Dieu.

Chacun est mis à l'épreuve tous les jours : pour ou contre Dieu.

Celui qui se décide contre Moi parce qu'il garde tous les agréments humains et tous les aspects de son moi humain, ne sera pas confronté à la tentation sur la voie large et sombre qu'il emprunte, car il s'est voué au tentateur. Nombreux sont ceux qui cheminent sur cette voie menant à la perdition. Ils ne sont pas mis à l'épreuve comme ceux qui avancent sur l'étroit sentier menant à la Vie.

Mais celui qui se voue au tentateur accepte en même temps et sans restriction de subir les récoltes de ses semailles.

C'est à leurs fruits
que vous les reconnaîtrez

Méfiez-vous des faux prophètes venant vers vous déguisés en brebis mais qui sont des loups affamés à l'intérieur d'eux-mêmes. Vous les reconnaîtrez à leurs fruits. Peut-on cueillir du raisin sur des épines ou des figues sur des chardons ?

De la même façon, tout bon arbre donne de bons fruits mais un arbre gâté donne de mauvais fruits. Tout arbre qui ne donne pas de bons fruits n'est bon qu'à être abattu et jeté au feu. C'est pourquoi, c'est à leurs fruits que vous discernerez le bon du mauvais. (Chap. 27, 8-9)

Le Christ explique, rectifie et
approfondit la parole :

A la fin de l'époque matérialiste, « l'époque de la convoitise et de la cupidité », de nombreux faux prophètes apparaîtront. Ils parleront beaucoup de l'amour de Dieu mais leurs œuvres seront humaines. C'est uniquement à ses bonnes œuvres que l'on peut reconnaître un vrai prophète ou un sage véritable, pas au fait qu'il parle de l'amour de Dieu.

Cependant, le don de discernement n'est donné qu'à celui qui examine sa propre attitude intérieure : Croit-il vraiment à l'Evangile de l'amour désintéressé, en accomplit-il le contenu et qu'a-t-il lui-même déjà fait par amour désintéressé pour son prochain ?

Vous ne pourrez connaître véritablement vos prochains et discerner en eux le bon du mauvais qu'après avoir atteint un certain degré de maturité spirituelle.

Celui qui juge encore ses semblables et émet des pensées et des paroles négatives à leur sujet, ne peut pas encore les évaluer de façon juste. Il manque de discernement. Il ne fait que juger et n'est pas en mesure de les évaluer.

Si vous êtes encore vous-mêmes de mauvais fruits, comment pouvez-vous être en mesure de reconnaître les bons ? Celui qui ne met pas en pratique les Lois de Dieu ne peut développer le don de discernement permettant de distinguer le bon du moins bon et du mauvais.

Que celui qui veut évaluer son prochain commence donc par s'examiner lui-même pour savoir s'il sait discerner le juste de l'injuste.

Il est tout à fait possible qu'un fruit gâté qui se met en avant en utilisant beaucoup de mots, des paroles et des gestes apparemment convaincants, bénéficie de l'approbation des autres, alors que le bon fruit, lui, soit rejeté.

Voyez, qui se ressemble s'assemble. Un fruit gâté se sent plus proche des fruits gâtés que des bons fruits. Par contre, une personne désintéressée est un bon fruit qui se sent proche du bien, de ce qui est désintéressé.

Celui qui est désintéressé sait discerner les bons fruits des moins bons et des mauvais. Pour y parvenir, il faut donc soi-même être un bon fruit. Seul le bon fruit sait reconnaître le mauvais. Le mauvais fruit cherche sans cesse à s'allier aux mauvais fruits pour agir contre les bons. Les mauvais fruits condamnent, rejettent, jugent et lient.

Les fruits bons et mûrs sont compréhensifs, bienveillants et tolérants envers leurs prochains. Ils leur disent ouvertement ce qui ne va pas tout en les conservant dans leur cœur. Cela signifie qu'ils ne jugent et ne condamnent plus.

Je le répète, vous les reconnaîtrez à leurs fruits.

Le bon fruit connaît le mauvais fruit, mais le mauvais fruit ne reconnaît pas le bon fruit. Le bon fruit ne regarde que le bien, le mauvais que le mal. Chacun d'eux parle et agit en conséquence.

Accomplis la volonté de Dieu

Ce ne sont pas tous ceux qui Me disent « Seigneur ! Seigneur ! » qui entreront dans le Royaume des Cieux, mais ceux qui accomplissent la volonté de Mon Père qui est dans les Cieux. Ce jour-là, beaucoup Me diront : Seigneur, Seigneur, n'avons-nous pas prophétisé en Ton Nom ? N'avons-nous pas chassé les démons en Ton Nom ? N'avons-nous pas fait beaucoup de miracles en Ton Nom ? Alors Je leur dirai : Je ne vous ai jamais connus, éloignez-vous de Moi, vous qui suscitez le mal. (Chap. 27, 10)

Le Christ explique, rectifie et
approfondit la parole :

Malgré le côté convaincant, apparemment spirituel et cordial de ses propos, celui qui ne fait qu'appeler Mon Nom mais n'accomplit pas la volonté de Mon Père est spirituellement pauvre et n'entrera pas dans le Royaume des Cieux.

Par contre, celui qui agit avec désintéressement, sans attendre ni récompense ni reconnaissance, celui-là accomplit la volonté de Mon Père ; ses paroles et ses pensées sont de même nature que ses actes.

En effet, seules des sensations et des pensées emplies de Dieu engendrent des actes désintéressés. Des pensées contraires à la Loi divine génèrent des paroles creuses et des actes égocentriques.

Voyez, celui qui donne l'apparence de s'exprimer à partir du Je Suis, qui semble donc exprimer Ma Parole et accomplir des actions en Mon Nom, et qui en vit bien, celui-là a déjà reçu sa récompense. Il n'en recevra pas d'autre dans les Cieux. Par contre, celui qui réalise des œuvres d'amour désintéressées et qui travaille pour gagner son pain quotidien recevra une juste récompense dans les Cieux.

Voyez, le pain spirituel est la nourriture spirituelle de l'âme. Le pain destiné à nourrir le corps physique doit être gagné par l'accomplissement de la loi « Prie et travaille ».

Le pain spirituel provient des Cieux. Il est offert à ceux qui se tiennent à la Loi de l'amour et de la Vie et qui accomplissent également le commandement « Prie et travaille ».

Dieu offre aux êtres humains la nourriture terrestre à travers la Terre. Les fruits qu'elle porte doivent être récoltés et transformés par un travail manuel, et chaque travail mérite son salaire.

Saisissez la différence entre le pain destiné à l'âme et celui destiné au corps physique ! Bien sûr, tous deux proviennent de la même source, mais l'un est spirituel et destiné à l'âme, et l'autre est substance densifiée, matière, destinée au corps physique. Ce que le grand Esprit, Dieu, donne à Ses enfants humains pour nourrir leur corps physique nécessite un travail humain : le labourage, les semailles, la récolte et la transformation de celle-ci. Pour ce travail, l'être humain doit être rétribué par ses semblables.

Seul celui qui agit en tout par amour pour Dieu et pour ses prochains sera accueilli dans le Royaume de Dieu.

Construis sur le Rocher, le Christ

est pourquoi, Je compare celui qui entend Ma parole et la suit à un homme avisé qui a bâti sa maison solidement sur du roc. Et la pluie vint, les eaux montèrent et les vents soufflèrent autour de cette maison, et elle ne s'effondra pas, car elle était bâtie sur du roc.

Et que celui qui entend Mes Paroles et ne les suit pas soit comparé à un homme insensé qui a bâti sa maison sur du sable. Et la pluie vint, les eaux montèrent et les vents soufflèrent sur sa maison et elle s'effondra avec grand fracas. Mais une ville qui est construite solidement, encerclée de murailles ou au sommet d'une montagne et bâtie sur du roc ne peut jamais ni tomber ni rester cachée.

Et quand Jésus eut fini de parler, le peuple était étonné de Son enseignement. Car Il touchait la tête et le cœur quand Il enseignait et ne discourait pas comme les docteurs de la loi qui n'enseignaient que parce qu'ils en avaient la charge. (Chap. 27, 11-13)

Le Christ explique, rectifie et
approfondit la parole :

Celui qui entend et suit Mes Paroles développe sa vie spirituelle. Il bâtit sa vie sur Moi, le rocher Christ. Il résistera alors à toutes les tempêtes. Après sa vie sur Terre, son âme entrera consciemment dans la vie spirituelle et n'y sera pas étrangère, car son enveloppe humaine vivait déjà dans le Royaume intérieur.

L'Esprit prophétique est un feu qui embrase les prophètes et toutes les personnes illuminées par Dieu. Dieu ne parle pas à travers eux comme le font ceux « *qui n'enseignent que parce qu'ils en ont la charge* ». Que les êtres humains veuillent l'admettre ou non, les prophètes et les personnes illuminées par Dieu se sont toujours exprimés à partir de la Toute-Puissance de l'Eternel, du Dieu qui parle.

Il est écrit : « *Il touchait la tête et le cœur.* » Ceux qui pensent avec la tête discutent et décortiquent ce que l'intellect, la tête, perçoit. Malgré tout, quelques petites graines tombent dans leur cœur. Par contre, celui qui accueille la Parole de la Vie avec son cœur y réfléchit également dans son cœur et fait tout de suite germer la bonne semence, la Vie.

En revanche, celui qui veut saisir la Parole de Dieu uniquement avec l'intellect devra un jour ou l'autre reconnaître – peut-être seulement après plusieurs coups du destin – ce qu'il a rejeté en raison de ses doutes et de sa vanité intellectuelle. Il reconnaîtra que la Parole de Dieu, la bonne semence déversée par la corne d'abondance de la Vie à travers les prophètes et les personnes illuminées par Dieu, aurait pu lui épargner bien des choses.

La façon dont J'ai pensé, ce que J'ai enseigné et vécu en tant que Jésus de Nazareth servira de référence pour la vie et la pensée de ceux qui vivront dans la Nouvelle Ere dans le Royaume de paix de Jésus-Christ. Ainsi, Je serai très proche d'eux. Ils Me salueront en Esprit comme leur Frère et ils M'accepteront et M'accueilleront comme souverain du Royaume de Dieu sur la Terre.

Les Douze Commandements de Jésus

Les Douze Commandements de Jésus

La Bible de la dite chrétienté contient les Dix Commandements de Dieu, que Moïse a apportés à l'humanité, et aussi certains aspects des enseignements de Jésus de Nazareth.

A notre époque, à travers la parole prophétique, le Christ a exposé tous les aspects essentiels de Sa vie sur Terre et de Ses enseignements, qui vont bien au-delà du contenu de la Bible.

Les Douze Commandements suivants ont déjà été donnés à l'humanité par Jésus de Nazareth il y a plus deux mille ans. Ce sont les commandements pour le Royaume de la Paix en devenir sur cette Terre. Ils sont une continuation des Dix Commandements de Moïse transmise par le Christ, le Fils de Dieu, le Rédempteur de tous les hommes et de toutes les âmes.

Et Jésus leur dit : « Voici que Je vous donne une nouvelle Loi qui n'est cependant pas nouvelle, mais ancienne. De la même façon que Moïse donna les Dix Commandements au peuple d'Israël par la chair, Je vous donne les Douze Commandements pour le royaume d'Israël selon l'Esprit Saint.

Qui est cette Israël de Dieu ? Tous ceux de chaque peuple et de chaque tribu qui agissent avec justice, amour et miséricorde et suivent Mes commandements sont la vraie Israël de Dieu. »

Puis Jésus se leva et dit :

« Ecoute, ô Israël, Jéhovah, ton Dieu, est l'Un. J'ai beaucoup de visionnaires et de prophètes. Tous vivent, agissent et ont leur existence en Moi.

Vous ne prendrez pas la vie d'une créature quelconque par plaisir ou pour votre profit, ni ne la ferez souffrir.

Vous ne volerez pas le bien d'un autre, ni n'amasserez pour vous-mêmes plus de terres et de richesses que vous n'en avez besoin.

Vous ne mangerez pas la viande d'une créature tuée ni ne boirez son sang, ni ne consommerez autre chose qui nuise à votre santé ou à votre conscience.

Vous ne ferez pas de mariages impurs où ne règnent ni amour ni pureté et vous ne vous corromprez pas vous-mêmes ni ne corromprez une quelconque créature qui a été créée pure par le Saint.

Vous ne ferez pas de faux témoignage contre votre prochain, ni ne tromperez délibérément quelqu'un en mentant pour lui nuire.

Vous ne ferez à personne ce que vous ne voulez pas que l'on vous fasse.

Vous adorerez l'Un, le Père qui est au Ciel, de qui tout vient, et honorerez Son Nom saint.

Vous honorerez vos pères et vos mères qui s'occupent de vous, ainsi que tous les enseignants justes.*

Vous aimerez et protégerez les faibles et les opprimés et toutes les créatures qui souffrent de l'injustice.

Vous gagnerez de vos mains tout ce qui est bon et nécessaire. Ainsi vous mangerez les fruits de la Terre, afin de vivre longtemps dans le pays.

----

* Le Christ révéla qu'il fallait comprendre ici « honorer » par « respecter »

Vous vous purifierez tous les jours, et le septième jour, vous vous reposerez de votre travail et garde-rez saint le Sabbat et les fêtes de votre Dieu.

Vous vous comporterez envers les autres comme vous souhaitez qu'ils se comportent envers vous. »

Suggestions de livres

Ceci est
Ma Parole
A et Ω

L'Evangile de Jésus

La révélation du Christ
que connaissent les véritables chrétiens
du monde entier

Beaucoup de ce que Jésus a enseigné est resté caché à l'humanité, c'est pourquoi le Christ Lui-même, par la parole prophétique donnée à travers la prophétesse et messagère du Royaume éternel, Gabriele, reprend un évangile apocryphe, « L'Evangile de Jésus », le rectifie, l'explique et l'approfondit pour l'humanité d'aujourd'hui et de demain. Grâce à cette grande œuvre, chacun peut prendre connaissance en détails de la vérité sur Sa pensée et Sa vie en Jésus de Nazareth il y a 2000 ans. Nous y découvrons entre autres qu'Il n'a pas créé de religion ni mis en place de prêtres. Il a enseigné l'Esprit libre, Dieu en nous, la vérité des Cieux : l'enseignement de l'amour pour Dieu et pour le prochain, un enseignement de liberté, de paix et d'unité.

Quelques thèmes : Le sens et le but de la vie sur Terre • Dieu ne punit pas • Le vrai sens de l'acte de rédemption • Le Sermon sur la Montagne • L'égalité entre l'homme et la femme • Jésus est toujours intervenu en faveur des animaux et de la nature • La loi de cause à effet, la réincarnation • La lutte des forces obscures contre le plan de Dieu et contre tous Ses prophètes • L'avenir de l'humanité et beaucoup plus encore...

1061 pages • N° ISBN 978-3-89371-370-7
Egalement disponible en e-book : www.editions-gabriele.com

Les grands enseignements cosmiques de
Jésus de Nazareth

à Ses apôtres et Ses disciples
qui pouvaient les comprendre

*avec des explications
données par Gabriele*

Jésus de Nazareth a enseigné bien plus que ce qui est contenu dans les écrits traditionnels. Il a apporté au cercle intérieur de Ses apôtres et disciples des enseignements cosmiques qui vont bien au-delà de ce que nous associons habituellement à « Dieu » ou à la « religion ».

Ces enseignements les plus élevés qui soient constituent la première partie de ce livre et nous transmettent ce qu'est la vie véritable, la vie spirituelle. Ils ont été révélés à notre époque par le Christ Lui-même, à travers Gabriele, la messagère du Royaume éternel.

Dans la deuxième partie du livre, Gabriele les explique de façon très concrète et nous montre comment nous pouvons les appliquer dans notre vie quotidienne, dans la famille, dans notre travail, nos loisirs... Nous apprenons, par exemple, à comprendre nos semblables, à devenir indépendants de l'opinion des autres et du regard qu'ils posent sur nous, à trouver la bonne concentration et bien d'autres choses encore. De cette manière, nous nous rapprochons de Dieu en nous, dans notre prochain et dans toute la création. Pour la première fois dans l'histoire de l'humanité, les grands enseignements cosmiques, consignés dans ce magnifique livre, sont accessibles à tous ! Ils donnent les fondements d'une véritable évolution spirituelle et constituent ainsi un espoir pour les générations futures.

942 pages • N° ISBN 978-3-96446-052-3

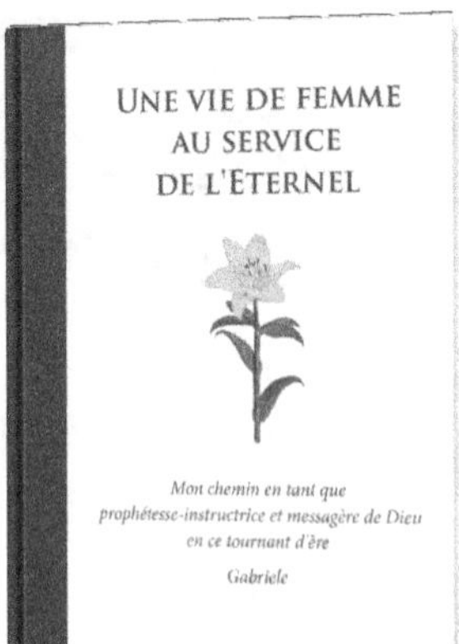

Une vie de femme au service de l'Eternel

Mon chemin en tant que prophétesse-instructrice et messagère de Dieu en ce tournant d'ère

Gabriele

Dans ce livre, vous pourrez découvrir l'autobiographie de Gabriele qui, depuis plus de 40 ans, est au service de Dieu, l'Esprit libre, en tant que prophétesse et messagère.

Une œuvre exceptionnelle !

En effet, jamais un prophète de Dieu n'a eu la possibilité de décrire lui-même sa propre vie et son action au service de Dieu sur Terre. Les souvenirs autobiographiques de Gabriele contenus dans ce livre sont publiés pour la première fois dans leur intégralité. Après cette autobiographie, des témoins d'époque donnent un court résumé de la performance surhumaine et de la créativité exceptionnelle de Gabriele, mises au service du royaume de Dieu, de ses prochains, de toutes les âmes, et en fin de compte au service de la création divine tout au long de sa vie de femme jusqu'à ce jour.

212 pages • N° ISBN 978-3-89201-816-2

N'hésitez pas à demander notre catalogue complet ainsi que des extraits gratuits de livres auprès de notre diffuseur en France :

Diffusion des Editions Gabriele
BP 50021 • 13376 Marseille 12 • France
Boutique en ligne : www.editions-gabriele.com

Boutique internationale : www.gabriele-publishing.com

Gabriele-Verlag Das Wort
Max-Braun-Str. 2 • 97828 Marktheidenfeld • Allemagne

www.ingramcontent.com/pod-product-compliance
Lightning Source LLC
La Vergne TN
LVHW010511200726